社會保險

陳岩、楊鑫　主編

序

　　從未來看，社會保險制度改革不僅要考慮人口老齡化的背景，還需看到城市化帶來的機遇以及經濟全球化提出的要求。與此同時，社會保險制度的可持續運行還依賴於制度本身的改革，要提高企業和個人的參與激勵。就政策選擇而言，保持一個全覆蓋、適當水平的社會保險制度是必要的。當下部分歐洲國家的債務危機暴露出經濟衰退和老齡化趨勢下沉重的養老金負擔，對於中國是一種警示，有必要從新的視角審視社會保障體系建設。

　　人口老齡化帶給我們挑戰的同時，也帶來了機遇。「積極老齡化」是進入21世紀以來國際組織提出的應對世界人口快速老齡化的新政策理念。積極老齡化包括健康、保障和參與三大政策，大體又可概括為兩個基本方面：一是要求政府與社會採取積極有效的措施和行動為老年人提供生存質量保障；二是強調老年人重視自身社會價值，促進其參與社會、經濟、文化、精神和公民事務，為國家、社區、家庭及其本人的發展做出積極的貢獻。老年人群體不是社會的包袱，而是亟待挖掘的寶藏，需要創新思維來應對我們面臨的挑戰和機遇。養老產業、老齡金融、醫養結合等理念的提出和實踐，使我們正在「積極老齡化」的道路上前行。保障和改善民生，提高國民福利，提升居民幸福指數，讓百姓共享更多經濟發展成果，才是經濟增長和一切改革的目的和歸宿。

前 言

　　風險、危險與保險是人類社會進程中的永恆話題。

　　歷史上的風險和危險通常表現或局限於自然危險，對危險後果的處理也主要依靠個人或家庭；現代社會的風險與危險，無論是性質、種類還是規模都發生了質的變化，而且對風險和危險後果的處理也主要通過社會化的保險機制來解決。毋庸置疑，在現代社會裡，沒有這樣一個保險機制或者風險處理系統，一個獨立單位或被保險人無法對絕大多數的生活、社會中的風險進行評估和處理。

　　本書從現代社會的經濟與社會風險保障角度出發，認為社會保險是在公民遭受風險，暫時或永久喪失勞動能力、中斷收入時，政府有責任為他們提供各類社會保險，為被保險人提供經濟保障的一種制度安排。針對勞動者面臨的老年風險、疾病風險、生育風險、死亡風險、工傷風險和失業風險等，政府建立養老保險、醫療保險等社會保險制度，對勞動者遭受的損失進行經濟補償。為此，本書立足中國改革實際，努力探索社會保險運行機制，著重介紹社會保險的基本理論、基本原理、基礎知識和國內外社會保險改革理論和實踐的新發展，力求全面和系統地反應中國社會保險的研究成果，體現教材特色。

　　本書內容包括：第一章為社會保險的內涵與功能，第二章為社會保險制度的發展演變，第三章為社會保險管理，第四章為社會保險基金，第五章為養老保險，第六章為醫療保險，第七章為生育保險，第八章為失業保險，第九章為工傷保險，第十章為社會保險的經濟效應。作為一本實用型教材，本書內容體系嚴謹協調，知識結構佈局合理，力求淺顯易懂，以期在較短的篇幅中給讀者以最大的信息量。本書有適量的例題和習題，以便讀者能深入理解、掌握和運用社會保險的基本原理。本教材可供保險專業本科、專科學生使用，也可供保險行業在職人員以及想瞭解社會保險知識的一般讀者參考。

　　由於社會保險制度的複雜性以及社會保險制度也處在不斷調整和完善的過程中，同時囿於編寫人員的水平，本書難免存在不足，希望讀者、同行不吝指正。讀者在使用本書時，結合目前社會保險改革的熱點問題進行理解和學習。

目　錄

1　社會保險的內涵與功能 ·· (1)
　　1.1　現代社會的經濟保障問題 ·· (1)
　　　　1.1.1　現代社會的經濟與社會風險 ·· (1)
　　　　1.1.2　現代社會實現經濟保障的主要途徑 ······························· (3)
　　1.2　社會保險概論 ·· (4)
　　　　1.2.1　社會保險的概念 ··· (4)
　　　　1.2.2　社會保險的特徵 ··· (4)
　　　　1.2.3　社會保險的功能 ··· (6)
　　1.3　社會保險與商業保險 ·· (7)
　　　　1.3.1　社會保險與商業保險的共性 ·· (7)
　　　　1.3.2　社會保險與商業保險的區別 ·· (8)
　　　　1.3.3　社會保險與商業保險的相互影響與融合 ························· (8)
　　1.4　社會保險與社會保障體系 ·· (9)
　　　　1.4.1　社會保障體系的內涵 ··· (9)
　　　　1.4.2　社會救助 ··· (11)
　　　　1.4.3　社會福利 ··· (12)

2　社會保險制度的發展演變 ·· (14)
　　2.1　社會保險制度的起源與發展 ·· (14)
　　　　2.1.1　社會保險制度的萌芽 ··· (14)
　　　　2.1.2　現代社會保險制度的產生 ··· (14)
　　　　2.1.3　現代社會保險制度的發展 ··· (15)
　　　　2.1.4　社會保險制度產生的理論基礎 ··································· (16)
　　2.2　社會保險制度的改革與發展趨勢 ·· (17)
　　　　2.2.1　西方發達國家社會保險制度改革 ································ (17)

2.2.2　新興國家社會保險制度改革 …………………………………(19)
　2.3　中國社會保險制度的發展演變 …………………………………………(20)
　　2.3.1　中國古代社會保障制度 ………………………………………(20)
　　2.3.2　新中國社會保險制度的建立 …………………………………(21)
　　2.3.3　當代中國社會保險制度的發展 ………………………………(21)

3　社會保險管理 …………………………………………………………………(23)
　3.1　社會保險管理的內涵及主要內容 ………………………………………(23)
　　3.1.1　社會保險管理的內涵 …………………………………………(23)
　　3.1.2　社會保險管理的原則 …………………………………………(23)
　　3.1.3　社會保險管理的模式 …………………………………………(24)
　3.2　中國社會保險行政管理體制 ……………………………………………(25)
　　3.2.1　中國社會保險行政管理體制的變遷 …………………………(25)
　　3.2.2　中國社會保險行政管理體制存在的問題及改革 ……………(27)

4　社會保險基金 …………………………………………………………………(29)
　4.1　社會保險基金概述 ………………………………………………………(29)
　　4.1.1　社會保險基金的含義及特點 …………………………………(29)
　　4.1.2　社會保險基金運行的構成要素 ………………………………(30)
　　4.1.3　社會保險基金的運行條件和平衡條件 ………………………(31)
　4.2　社會保險基金管理概述 …………………………………………………(34)
　　4.2.1　社會保險基金管理的內涵與外延 ……………………………(34)
　　4.2.2　社會保險基金管理的主要途徑 ………………………………(36)
　　4.2.3　社會保險基金的管理模式 ……………………………………(36)
　4.3　社會保險基金投資營運 …………………………………………………(40)
　　4.3.1　社會保險基金投資原則 ………………………………………(40)
　　4.3.2　社會保險基金投資工具與投資決策 …………………………(41)
　　4.3.3　社會保險基金投資監督管理 …………………………………(44)

  4.4 社會保險基金監管 …………………………………………… (45)
    4.4.1 社會保險基金監管的內涵 ……………………………… (45)
    4.4.2 社會保險基金監管模式選擇 …………………………… (45)
    4.4.3 社會保險基金營運機構資格審定 ……………………… (46)
    4.4.4 社會保險基金監管體系建立 …………………………… (46)

5 養老保險 ……………………………………………………………… (48)
  5.1 養老保險模式 ………………………………………………… (48)
    5.1.1 普遍保障的養老保險模式 ……………………………… (48)
    5.1.2 收入關聯的養老保險模式 ……………………………… (49)
    5.1.3 多層次的養老保險模式 ………………………………… (50)
    5.1.4 強制儲蓄的養老保險模式 ……………………………… (50)
  5.2 養老保險給付 ………………………………………………… (52)
    5.2.1 養老保險給付結構 ……………………………………… (52)
    5.2.2 養老保險給付項目 ……………………………………… (53)
    5.2.3 養老保險給付資格的確定 ……………………………… (54)
    5.2.4 養老保險金指數調節機制 ……………………………… (55)
  5.3 人口老齡化與養老保險 ……………………………………… (56)
    5.3.1 人口老齡化 ……………………………………………… (56)
    5.3.2 中國人口老齡化及其特點 ……………………………… (59)
    5.3.3 人口老齡化對養老保險的挑戰 ………………………… (60)
  5.4 補充養老保險概述 …………………………………………… (61)
    5.4.1 補充養老保險的構成及其特徵 ………………………… (61)
    5.4.2 補充養老保險的保障範圍 ……………………………… (63)
    5.4.3 補充養老保險金的給付結構 …………………………… (63)
    5.4.4 補充養老保險的財務機制 ……………………………… (64)
    5.4.5 政府對補充養老保險的調節與干預 …………………… (65)

5.5 中國養老保險制度 ……………………………………………… (65)
    5.5.1 中國城鎮企業職工養老保險制度 ……………………… (66)
    5.5.2 機關事業單位養老保險制度 ……………………………… (67)
    5.5.3 農村養老保險制度 ………………………………………… (68)
    5.5.4 城鎮居民社會養老保險 …………………………………… (69)
    5.5.5 中國養老保險制度改革的思路與建議 …………………… (71)

6 醫療保險 ……………………………………………………………… (76)
6.1 醫療保險概述 …………………………………………………… (76)
    6.1.1 醫療保險的概念與特點 …………………………………… (76)
    6.1.2 醫療保險的基本原則 ……………………………………… (77)
    6.1.3 醫療保險的產生與發展 …………………………………… (77)
6.2 醫療保險制度 …………………………………………………… (78)
    6.2.1 醫療保險的制度模式 ……………………………………… (78)
    6.2.2 醫療保險基金的籌集 ……………………………………… (80)
    6.2.3 醫療保險的待遇項目 ……………………………………… (80)
    6.2.4 醫療保險的待遇支付方式 ………………………………… (81)
    6.2.5 醫療保險的費用控制 ……………………………………… (81)
6.3 中國醫療保險制度 ……………………………………………… (82)
    6.3.1 中國醫療保險的發展歷程 ………………………………… (82)
    6.3.2 城鎮職工基本醫療保險制度 ……………………………… (84)
    6.3.3 新型農村合作醫療制度 …………………………………… (85)
    6.3.4 城鎮居民基本醫療保險制度 ……………………………… (86)
    6.3.5 大病醫療保險 ……………………………………………… (88)

7 生育保險 ……………………………………………………………… (90)
7.1 生育保險概述 …………………………………………………… (90)
    7.1.1 生育保險的含義 …………………………………………… (90)

  7.1.2 生育保險的特點 …………………………………………（90）
  7.1.3 生育保險的作用 …………………………………………（91）
  7.1.4 生育保險的發展歷程 ……………………………………（91）
 7.2 生育保險制度 …………………………………………………（92）
  7.2.1 生育保險制度的類型 ……………………………………（92）
  7.2.2 生育保險基金的籌集與管理 ……………………………（93）
  7.2.3 生育保險的待遇 …………………………………………（94）
 7.3 中國生育保險制度 ……………………………………………（95）
  7.3.1 中國生育保險制度的建立與發展 ………………………（95）
  7.3.2 中國生育保險制度的主要內容 …………………………（96）

8 失業保險 …………………………………………………………（98）
 8.1 現代經濟中的失業風險及其處置 ……………………………（98）
  8.1.1 失業的概念 ………………………………………………（98）
  8.1.2 失業的類型 ………………………………………………（98）
  8.1.3 失業的消極影響 …………………………………………（99）
  8.1.4 處置失業風險的辦法 ……………………………………（100）
 8.2 失業保險概述 …………………………………………………（101）
  8.2.1 失業保險的含義 …………………………………………（101）
  8.2.2 失業保險制度的基本內容 ………………………………（101）
  8.2.3 失業保險制度的建立與發展 ……………………………（103）
 8.3 中國失業保險制度 ……………………………………………（104）
  8.3.1 中國失業保險制度的發展 ………………………………（104）
  8.3.2 中國失業保險制度面臨的問題 …………………………（105）
  8.3.3 完善中國的失業保險制度 ………………………………（106）

9 工傷保險 …………………………………………………………（108）
 9.1 工傷保險概述 …………………………………………………（108）

>　　9.1.1　工傷及工傷保險的含義 …………………………………………（108）
>　　9.1.2　工傷保險的特點 ……………………………………………………（109）
>　　9.1.3　工傷保險的基本原則 ………………………………………………（109）
>　　9.1.4　工傷保險的作用 ……………………………………………………（110）
>　　9.1.5　工傷保險的發展歷程 ………………………………………………（111）
> 9.2　工傷保險制度的基本內容 ………………………………………………（112）
>　　9.2.1　工傷保險模式 ………………………………………………………（112）
>　　9.2.2　工傷保險制度的覆蓋面 ……………………………………………（112）
>　　9.2.3　工傷認定的範圍 ……………………………………………………（113）
>　　9.2.4　工傷保險基金的籌集 ………………………………………………（113）
>　　9.2.5　工傷保險的待遇給付 ………………………………………………（114）
> 9.3　中國工傷保險制度 ………………………………………………………（115）
>　　9.3.1　中國工傷保險制度的發展歷程 ……………………………………（115）
>　　9.3.2　中國工傷保險制度的基本內容 ……………………………………（116）
> 9.4　工傷預防與工傷康復 ……………………………………………………（119）
>　　9.4.1　工傷預防 ……………………………………………………………（119）
>　　9.4.2　工傷康復 ……………………………………………………………（120）

10　社會保險的經濟效應 ……………………………………………………（122）
10.1　社會保險對儲蓄的影響 ………………………………………………（122）
　　10.1.1　現收現付制對個人儲蓄的影響 …………………………………（122）
　　10.1.2　完全累積制對個人儲蓄的影響 …………………………………（123）
10.2　社會保險對收入再分配的影響 ………………………………………（123）
　　10.2.1　代際收入再分配和代內收入再分配 ……………………………（123）
　　10.2.2　對同代社會成員之間的收入再分配 ……………………………（123）
10.3　社會保險對勞動供求與流動的影響 …………………………………（124）
　　10.3.1　社會保險對就業決策的影響 ……………………………………（124）
　　10.3.2　社會保險對勞動參與和勞動雇傭的影響 ………………………（124）

10.3.3　社會保險對勞動力流動的影響 ………………………………（124）

10.4　社會保險對經濟週期波動的影響 ………………………………（125）

1 社會保險的內涵與功能

1.1 現代社會的經濟保障問題

1.1.1 現代社會的經濟與社會風險

風險通常指損失發生的不確定性。在人們日常生活中，各種風險隨時隨地有可能發生，如自然災害、人身意外傷亡、疾病、失業等。歸納起來，影響勞動者經濟保障與收入的經濟風險和社會風險主要有以下幾種：

1. 老年風險

在統計學或公共行政學中，老年是指年滿60周歲或65周歲以上的人。在現代社會中，人到老年後出現的經濟問題主要表現在以下幾方面：

（1）就業機會減少，乃至完全喪失就業機會，收入來源銳減。在工業化國家，勞動者進入法定退休年齡時必須退休已成為一種制度安排。在這種制度安排下，老年人的退休生活很大一部分靠退休金來維持。對大多數人而言，再就業很難實現，或是根本無法實現，因而收入來源較少，結構單一，個人儲蓄率也隨之降低。

（2）退休收入風險。此種風險主要由兩方面造成：一方面是長壽風險。隨著人口老齡化程度的加劇，長壽風險已成為各國政府、企業和個人所面臨的一類新型的、日益嚴重的社會風險。從廣義上說，長壽風險是指個人或總體人群未來的平均實際壽命高於預期壽命所產生的風險。個體長壽風險（Individual Longevity Risk）是指個人在其生存年限內的支出超過了自身所累積的財富，此類風險可通過參加相關養老保險計劃進行管理，如參加政府的社會養老保險、參加企業的養老金計劃、購買人壽保險公司的年金產品等。總體人群的長壽風險稱為聚合長壽風險，是指一個群體的平均生存年限超過了預期的年限，該風險是無法根據大數法則進行分散的系統風險。另一方面是通貨膨脹風險。在現代市場經濟條件下，通貨膨脹不可避免，物價高漲也使得老年人退休後的各項費用支出增加，給老年人生活帶來不利影響。

（3）傳統的家庭養老制度受到衝擊。受現代工業文明的影響，家庭養老這種農耕文明下的傳統正受到衝擊。費孝通先生在比較中西文化中養老模式的差異時指出：「西方的公式是 $F_1 \rightarrow F_2 \rightarrow F_3 \rightarrow F_n$，而中國的公式是 $F_1 \leftrightarrow F_2 \leftrightarrow F_3 \leftrightarrow F_n$（F代表世代，→代表撫育，←代表贍養）。在西方是甲代撫育乙代，乙代撫育丙代，是一代一代接力的模式，簡稱『接力模式』。在中國是甲代撫育乙代，乙代贍養甲代，乙代撫育丙代，丙代

贍養乙代，是下一代對上一代都要反饋的模式，簡稱『反饋模式』。」[1]但隨著工業化的衝擊，傳統的大家庭逐漸解體，逐漸被以核心家庭為主的小家庭取代，養老保障逐步由家庭走向社會，家庭保障功能弱化，政府社會保障功能增強。

2. 疾病風險

疾病風險狹義上是指由人身所患疾病帶來的經濟、生理、心理等損失的風險，廣義的疾病風險則包括人身的疾病、生育以及傷害等方面存在或引起的風險。疾病風險具有較大的不可避免性、隨機性和不可預知性，風險不但可因自然災害、意外事故發生，而且生理、心理、社會、環境、生活方式諸因素均可導致或表現為疾病風險。疾病風險往往與其他風險緊密相聯，互相交錯、相互影響，從而加重風險帶來的危害和損失。勞動者罹患疾病，不但正常的收入受到損失，而且還會花費巨額的醫療費用，這無疑會給勞動者本人或其家人的生活帶來不利影響。疾病風險的主要危害在於健康損害與因病致貧。

3. 死亡風險

社會保險中的死亡風險指的是「早死」，即勞動者在勞動年齡期限內死亡。在現代社會，大多數勞動者依靠工資收入維持自身和家人的生活開支，勞動者的早死中斷了正常的收入來源，家人的生活費、子女的教育費等支付困難，勢必大大影響家人的生活。

4. 工傷風險

工傷風險又稱為產業傷害、職業傷害、工業傷害、工作傷害，是指勞動者在從事職業活動或者與職業活動有關的活動時所遭受的不良因素的傷害和職業病傷害。國際勞工組織（International Labor Organization, ILO）2017年1月官網數據顯示，每一天全世界大約有6,300人死於工作事故或與工作相關的職業病，每一年中，工作事故或職業病奪去230萬人的生命，每年發生3.17億起工作事故或職業病，造成的經濟損失占全球生產總值的4%。因此，工傷仍然是危害勞動者人身生命安全的主要風險之一。

5. 生育風險

懷孕和分娩的婦女勞動者由於生育而中斷勞動，期間收入遭受損失。在現代社會，女性從事經濟活動已是大趨勢，而生育將會對女性勞動者的收入造成影響，國家或社會建立生育保險制度，是一項對生育的職工提供必要的經濟補償和醫療保健的社會保險制度。

6. 失業風險

失業是工業化社會發展的產物，是現代社會不可避免的現象。從經濟學的觀點來看，失業在性質上可分為自願失業和非自願失業，失業類型可分為週期性失業、技術性失業、結構性失業、摩擦性失業、季節性失業。勞動者失業後，失去收入來源，除非有足夠的儲蓄或其他收入來源可以利用，否則，勞動者自身及其家人生活將會出現困難。

---

[1] 費孝通. 家庭結構變動中的老年贍養問題：再論中國家庭結構的變動[J]. 北京大學學報（哲學社會科學版），1983（3）：7-16.

1.1.2 現代社會實現經濟保障的主要途徑

在現代社會，不同國家、不同民族的文化傳統和歷史背景不同，化解經濟與社會風險的途徑也各不相同。概括起來，可以分為兩類：一類是自我保障，另一類是社會保障。

1. 自我保障途徑

自我保障是人們化解經濟與社會風險的最原始手段。自我保障的主要形式包括自我儲蓄、投保商業保險以及私人間通過非正式合約實現的風險分擔等。

（1）自我儲蓄。將個人可支配收入的一部分用於儲蓄，以備收入中斷時所需。自我儲蓄的動機之一就是預防未來可能出現的無保障風險。自我儲蓄在某種程度上可以有效地緩解未來的風險。但是，由於個人能力所限，又沒有互濟互助的功能，因而無法化解整個社會範圍內的風險，不能實現社會保險的目的。

（2）購買商業保險。個人可以購買商業保險公司的人壽、健康、財產和責任保險，從而獲得一定程度的保障。但是由於風險事故發生的概率未知，同時保險公司與被保險人之間存在信息不對稱，會造成道德風險和逆向選擇的存在以及外部性風險（高風險保戶對於私人信息的隱匿導致保險價格提高，對於低風險保戶具有負外部性）等，保險市場會出現失靈。另外，商業保險採取自願原則，投保者可以根據自己的風險態度及對未來的預期，利用商業保險的靈活性，實現有效的風險轉移，但商業保險不具有個人之間的互濟和互助功能，不能實現緩解貧困的目的和滿足社會公平的要求。

（3）參加非正式合約的互助組、共濟會。個人在力所能及的範圍內，如家庭、社會等，通過締結某種不具有法律約束力的合約，在參與者之間進行風險分散。這種非正式組織的局限性在於：首先，這種組織的存在必須滿足規模足夠小和相對穩定這兩個條件，否則由於道德風險的存在，將使之陷入困境；其次，非正式合約的互助組、共濟會的參與者之間存在著較大的風險相關性，決定了這種方式分散風險的能力較小。

2. 社會保障途徑

風險理論的研究表明，某些風險是不可保險的，如戰爭等，這些風險產生的後果是比較嚴重的，有些甚至是毀滅性的，它可以使絕大多數人同時處於無保障狀態。這些風險無法由商業保險公司進行保障，只能通過社會保障來完成。社會保障是指公民遭受風險時，通過自我保障的方式無法規避時，由國家為他們提供各種形式的幫助。國家可以採取的公共保障措施包括：

（1）社會保險。例如，養老保險、醫療保險、生育保險、工傷保險、失業保險等為被保險人提供基本的經濟保障。

（2）社會救助。社會救助主要是為生活在貧困線以下的公民提供最低經濟保障，如失業救濟、孤寡病殘救濟、特殊困難救濟等。

（3）政府有關政策。例如，實行充分就業政策、相關財政和貨幣政策，以刺激經濟增長，增加就業。

（4）政府有關立法。例如，《中華人民共和國老年人權益保障法》《中華人民共和國殘疾人保障法》等為人們提供的法律保障。

1.2 社會保險概論

1.2.1 社會保險的概念

社會保險作為保險的一種，是基於一定的經濟風險而存在的。社會保險是政府通過立法強制實施，運用保險方式處置勞動者在遭遇年老、疾病、工傷、殘廢、生育、死亡、失業等風險時，並為其在暫時或永久喪失勞動能力，失去勞動收入時提供基本的收入保障的法定保險制度。

社會保險的概念包括了以下含義：

（1）社會保險是國家舉辦和發展的一項社會事業。《中華人民共和國勞動法》第七十條規定：「國家發展社會保險事業，建立社會保險制度。」這裡強調的是：舉辦社會保險事業的主體是國家；社會保險是一項社會事業，是促進社會進步、保障社會生產穩定和社會安定的一項社會舉措。

（2）社會保險以國家立法為保證和依據。這是強調的是推行社會保險必須要有法律保障和實施社會保險必須依法進行。

（3）社會保險以建立社會保險基金為物質基礎。建立社會保險基金是社會保險得以正常進行的必要條件，是實現社會保險的關鍵所在。

（4）社會保險的保障對象是勞動者。這一含義明確了社會保險的屬性，界定了社會保險的範圍。

（5）社會保險的目的在於保障當勞動者遭受勞動風險，即在勞動者暫時或永久喪失勞動能力以及失業而喪失生活收入來源時，從社會得到基本生活的物質幫助和補償。社會保險通過建立保險基金補償收入損失，借以分散勞動風險。這是社會保險的主要功能，其實質是保證勞動者在特殊情況下參與社會分配。

（6）社會保險是社會保障制度的一種，是社會保障制度的核心部分。社會保險政策是國家社會政策的重要組成部分。

1.2.2 社會保險的特徵

社會保險作為一種有特定目標的分配手段，與其他經濟行為相比較，具有以下特徵：

1. 強制性

強制性是其首要特徵。社會保險是由國家通過立法形式強制實施的一種保障制度。所謂強制，是指凡屬於法律規定範圍的成員都必須無條件地參加社會保險並按規定履行繳費義務。社會保險的繳費標準和待遇項目、保險金的給付標準等均由國家或地方政府的法律法規統一劃定。社會保險這一特點確保了社會保險基金具有可靠的資金來源，切實保障了被保險人依法獲得經濟補償的權利，從而為社會保險制度得以貫徹提供法律和經濟保障。

2. 互濟性

互濟性是指社會保險按照社會風險共擔原則進行組織，貫穿於整個基金籌集、儲存和分配過程中。社會保險費由國家、企業、個人三方負擔，三方共同建立社會保險基金。由於遭受風險事故的人員在社會上分佈不均勻，各地區在遭遇風險事故時的承受能力也是不相等的。從被保險人的角度看，每人一生中遇到的風險事故次數、損失大小是不相同的。因此，必須依靠社會力量來舉辦社會保險。社會保險實行「我為人人，人人為我」的互濟原則，通過多方籌集基金後進行平衡調劑，將個別勞動者在特定情況下的損失和負擔，在繳納保險費的多數主體間（亦可在代際間）進行分攤。

3. 普遍性

社會保險的普遍性主要體現在以下方面：

（1）社會保險實施範圍廣。一般來說，社會保險的保險項目涵蓋所有國民或勞動者面對的年老、失業、疾病、工傷、生育等各種風險，從而促使整個社會協調、穩定地發展。

（2）世界各國普遍建立了各種形式的社會保險制度，都要根據自身國情和實際情況逐步建立並不斷完善和發展。現代意義上的社會保險制度已經有130多年的歷史，至今全世界已有170多個國家和地區建立了各式各樣的社會保險制度（如表1.1所示）。

表1.1　　　　　1940—1999年世界社會保險制度情況一覽表　　　　　單位：個

年份 \ 險種 \ 制度個數	疾病、生育保險	失業保險	工傷保險	老年、殘障、遺屬保險	家庭津貼
1940	24	21	57	33	7
1949	36	22	57	44	27
1958	59	26	77	58	38
1967		34	117	92	62
1976	65				
1977	72	38	129	114	65
1981	79		136	127	67
1983	85	40		130	
1999	112	69	164	167	85

資料來源：林義. 社會保險［M］. 3版. 北京：中國金融出版社，2010：17.

4. 公平性

所謂社會保險的公平性，是指風險出現時，對所有被保險人提供維持特定生活標準的給付，以滿足他們的需要。首先，社會保險的公平性是與個人報酬對等性相對的。所謂個人報酬對等性，是指投保人所得到的津貼直接取決於他所繳納的保險費。社會保險的公平性首先體現為所有參加社會保險的勞動者人人都有權享受社會保障待遇。其次，社會保險待遇既要反應勞動者的長期勞動收入水平，又要通過國民收入再分配

平抑高收入者與低收入者之間的差距。最後，社會保險待遇應隨物價上漲和社會經濟發展而不斷提高，以保證享受者實際的生活水平，從而適當享受社會發展成果。

1.2.3 社會保險的功能

社會保險是社會化大生產的產物，是經濟發展和社會進步的標誌。社會保險在保障社會穩定和促進經濟發展方面具有十分重要的功能。

1. 保障勞動者的基本生活，維護社會穩定

維護社會穩定的功能主要是通過對廣大勞動者和社會成員的經濟生活實施穩定、可靠的基本保障來實現的。天有不測風雲，人有旦夕禍福。當勞動者在年老、患病、負傷、生育、殘疾、死亡等導致暫時或永久喪失勞動能力時，或者處於失業等狀態時，勞動者依法參加了社會保險，就可以依靠國家、單位、個人三方共同籌集的保險基金及時得到基本的生活保障。通過對勞動者及其家庭提供必要保障，勞動者再無後顧之憂，會大大增強社會凝聚力、向心力，確保社會的長治久安。因此，社會保險在西方國家被稱之為社會運行的安全網和穩壓器。

2. 促進勞動力的再生產與合理流動

社會保險是保障勞動力再生產順利進行的重要手段。人類社會的再生產，不僅包括物質資料再生產，而且也包括勞動力本身的再生產。勞動者因疾病、傷殘、失業等而失去正常的勞動收入，會使勞動力再生產過程處於不正常的狀態。勞動者參加社會保險，遭遇上述情形時，按照社會保險有關法律規定，依法可以得到及時的治療和必要的物質幫助，從而使勞動者恢復健康，恢復勞動能力，並對勞動者的家庭提供穩定的經濟保障，這樣就可以有效地促進勞動力再生產。

3. 調節社會分配，促進社會公平

調節社會分配，促進社會公平是社會保險的重要作用之一。社會保險除了具有為經濟發展籌集資金的重要作用外，最重要的作用是調節社會分配關係，對國民收入的再分配起著推動作用。社會保險促進社會公平作用的實現主要體現在資金籌措、支付和使用的全過程。社會保險資金來自勞動者本人及企業繳納的保險費以及國家的財政資助。國家財政補貼的社會保險經費來自國家財政的轉移支付，財政資金又來源於稅收，國家向高收入者徵收較高的稅，以補充社會保險經費，擴大社會保險基金的來源，增加保險資金的累積。國家通過社會保險體系或渠道對社會保險資金進行再分配，向低收入者、失去收入來源的勞動者傾斜，保證其基本生活需要，從而平衡國民收入水平，實際上是相對地提高低收入者的實際收入水平。社會保險對收入進行再分配，縮小勞動者之間的收入差距，促進社會收入分配進一步合理化。

4. 累積建設資金，推動經濟發展

將勞動者工作時的一部分收入通過社會保險費或納稅的方式累積成保險基金，累積起來的保險基金在滿足正常的待遇給付之外，剩下的部分基金可進行各種投資，是社會經濟建設重要的資金來源。在人口老齡化加速發展的背景下，預提累積式或部分基金制籌資模式均與資本市場發生非常密切的聯繫。社會保險資金與資本市場的良性互動和有效投資，均有利於社保基金自身目標的實現，也有利於促進經濟發展。

1.3 社會保險與商業保險

當今社會是一個風險社會，在處理風險的各種手段中，保險是一種傳統有效的機制，社會保險和商業保險是風險保障服務的兩大資源。社會保險是一項福利保險事業，而商業保險是嚴格建立在大數法則和保險精算數理基礎之上的商業經營活動。兩者都吸收了彼此的長處，在新的經濟社會環境下呈現出融合發展的態勢。

1.3.1 社會保險與商業保險的共性

作為風險保障的兩種手段，社會保險和商業保險具有一些共性。

1. 社會保險與商業保險都基於特定風險事故的共同分擔原則

社會保險與商業保險均有共濟性的特點，都是運用大數法則分散風險，即集聚眾多人的經濟力量，分擔個別意外事件的損失，為勞動者提供安全保障，以確保生產能繼續進行和人民生活安定。

2. 社會保險與商業保險都處理偶然性損失

偶然性損失是不可預知的和非預期發生的，在被保險人控製之外。商業保險處理的都是偶然性的損失，社會保險所面臨的同樣是偶然性的損失。例如，永久性殘疾使勞動者陷入經濟困境，家長的早死使家庭失去經濟保障，勞動者失業給本人及家庭帶來的經濟損失，等等。

3. 社會保險與商業保險均要進行風險轉移

風險轉移是處理風險的一種技術。商業保險中，純粹的風險都轉移到保險人身上；社會保險中，被保險人的風險都全部或部分地轉移到參與社會保險制度的參保人身上。二者均通過風險轉移提供社會保障。

4. 社會保險與商業保險都對被保險人的損失進行賠償

保險賠償是指向遭受損失的受害者全部或部分地補償現金、進行修復或賠償實物。眾所周知，商業保險要賠償被保險人的損失，社會保險同樣如此。退休津貼是部分地賠償被保險人退休收入的損失，遺囑津貼是向家庭成員賠償家長早死所帶來的收入損失，生育津貼是賠償婦女生育子女所帶來的收入損失，等等。二者均通過賠償為被保險人提供經濟保障。

5. 社會保險與商業保險都必須繳納足夠的保險費來支付制度運轉所需費用

保險制度的正常運轉需要足夠的保險資金作後盾。商業保險由各保險公司經營，沒有足夠的保險費來源就不能及時足額地賠付，當然，被保險人不繳納保險費也就不可能建立保險關係；社會保險由政府指定專門機構經營，雖然各個國家參與主體負擔保險費的比重有很大不同，但被保險人同樣要足額繳納保險費，否則會強制徵繳甚至罰款，或減少保險給付。

1.3.2 社會保險與商業保險的區別

1. 經營目的不同

商業保險是一種經營行為，保險業經營者以追求利潤為目的，獨立核算、自主經營、自負盈虧；社會保險是國家社會保障制度的一種，目的是為人民提供基本的生活保障，以國家財政支持為後盾。

2. 管理主體和遵循原則不同

社會保險由中央或地方政府集中領導，管理主體大多是國家，設立專業機構組織管理，屬於行政領導體制；商業保險是自主經營的相對獨立的經濟實體，屬於金融體制。社會保險是國家社會經濟的一項基本政策，因此必須由國家通過立法強制實施，並且不能以盈利為目的；社會保險以社會效益為其價值取向，運作過程有明顯的行政性特點。商業保險依照平等自願的原則，是否建立保險關係，完全由投保人自主決定；而社會保險具有強制性，凡是符合法定條件的公民或勞動者，其繳納保險費用和接受保障，都是由國家立法直接規定的。

3. 保障範圍、對象和水平不同

商業保險的保障範圍由投保人、被保險人與保險公司協商確定，不同的保險合同項下，或者是不同的險種，被保險人享受的保障範圍和水平是不同的；社會保險的保障範圍一般由國家立法規定，風險保障範圍比較窄，保障的水平也比較低，這是由它的社會保障性質所決定的。社會保險以勞動者及其供養的直系親屬為對象，在勞動者喪失勞動能力後給予物質幫助；商業保險是以個人或全體人民為對象，並根據其繳保費的多少和事故發生的種類給予一定的經濟補償。社會保險是以保障勞動者的基本生活需要為標準，商業保險則以投保所繳費為標準；社會保險看重保障，商業保險看重償還。

4. 權利與義務對應關係不同

首先，保險費來源不同。商業保險費來源渠道單一，完全由投保人繳納；社會保險費通常由被保險人、企業（雇主）和政府三方負擔。其次，保險待遇給付不同，具體表現如下：①給付與繳費關係不同。商業保險中，繳費與所領給付呈嚴格的精算關係，而社會保險中兩者關係並不完全成精算關係。②給付標準不同。社會保險給付強調社會適當性，而商業保險給付強調個人報酬對等性，即所得給付直接取決於繳納費的多少。③給付受通貨膨脹的影響不同。社會保險通過待遇調整機制以保證給付的實際購買力，而商業保險的給付額在簽訂契約時就已確定。

1.3.3 社會保險與商業保險的相互影響與融合

在實際的運行中，社會保險與商業保險既有相互競爭、衝突的一面，又有相互促進、共同成長的一面，兩者相互融合，構成社會的經濟保障系統。

1. 社會保險與商業保險相互影響

（1）兩者相互衝突。事實上，在保障一定需求和繳費能力的前提下，由於強制性的社會保險滿足了社會成員一部分保障需求，相對來說，對商業保險的需求自然減少，

也就是說商業保險的部分需求被強制替代。它們之間衝突的激烈程度取決於公民的收入水平及社會保險的普及程度。同時，社會保險的保障水平越高，對商業保險的絕對替代量也就越多，對商業保險的制約就越大；相反，社會保險的保障水平越低，帶給商業保險的發展空間也就越大。但隨著人們生活水平的提高，保險需求量增大，兩者都能有所增長。

（2）兩者相互促進。社會保險與商業保險是社會保障體系中的兩個重要支柱，二者有著天然不可分割的聯繫，兩者在實現保險服務社會化的過程中有可能借助保險資源的整合（包括保險客戶資源、社會管理資源、機構人才資源等）尋求合作，社會保險的普遍實施有助於推動商業保險的發展，而商業保險也可以利用自身優勢，借助社會保險部門強大的平臺參與社會化風險保障服務。社會保險部門可以利用商業保險公司的有利因素在社會保險管理中引入市場機制，提高社會保險體系運行效率，在保證決策權和監督權的前提下，讓商業保險公司承擔部分服務工作，如購買服務、代辦業務等，降低社會保險運行成本，造就雙贏局面。

2. 社會保險與商業保險相互融合

（1）保障功能融合。社會保險的目的在於保障工薪勞動者的基本生活，其投保金額及給付標準都有一定的限制，所起的保障作用有限。已參加社會保險的高收入者，可以投保商業保險，在他們遭受有關風險事故時能分別從社會保險機構和商業保險企業得到保險給付，兩種保險可以並行不悖，滿足公民多層次需求，共同構成對公民的經濟保障。

（2）保障範圍融合。社會保險不能涵蓋勞動者可能遇到的各種風險，商業保險不僅可以承保社會保險沒有涉及的風險，也可以承保社會保險已經涵蓋的風險。社會保險一般包括生、老、病、死、傷、殘、失業7大險種，而商業保險範圍五花八門，層出不窮。商業保險在投保範圍上可以滿足人們多層次的、特殊的保障需求，兩者在範圍上是互補的。

（3）保險技術和方法互相滲透。社會保險運用了商業保險的某些原理和技術。例如，採用收支相等原則，引入健康保險受益者負擔部分費用及「小損害免責」或「小損害不擔保」原則，這些措施旨在節約開支，為國民提供更好的經濟保障。在養老保險方面，商業保險擁有經驗豐富的精算師，可準確釐定繳費標準和給付水平，根據精算原則保證養老金的穩健運用和給付安全，這些都可供社會保險借鑑。

1.4 社會保險與社會保障體系

1.4.1 社會保障體系的內涵

人類現代社會保障制度的萌芽可以追溯到17世紀初，即1601年英國《濟貧法》（史稱舊《濟貧法》）的問世。但社會保障概念的出現，卻是在舊《濟貧法》頒布實施300多年以後的事情。1933年，美國羅斯福總統實施「新政」，1935年國會通過的

社會保險

《社會保障法》首先提出了「社會保障」的概念。自此以後，社會保障概念越來越為國際社會所普遍認同和廣泛使用。社會保障是為保障民生以及促進社會進步，由國家和社會以法律為依據設立，由政府機關和社會團體組織實施，為因各種經濟和社會風險事故而陷入困境的人群以及有物質和精神需求的全體公民提供福利性的物質援助和專業服務的制度和事業的總稱。

社會保障體系是指國家通過立法制定的社會保險、救助、補貼等一系列制度的總稱，是現代國家最重要的社會經濟制度之一。從世界大多數國家的情況來看，社會保障體系通常包括基本社會保障制度與補充社會保障兩大類。前者由國家立法統一規範並由政府主導，一般包括社會救助、社會保險和社會福利三個基本組成部分以及部分針對軍人建立的特殊保障制度；後者則通常是在政府的支持下由民間及市場來主導，一般包括企業年金、慈善事業等，它們構成對基本社會保障制度的補充，並發揮著有益的作用。

社會救助屬於社會保障體系的最低層次，是實現社會保障的最低綱領和目標；社會保險在社會保障體系中居於核心地位，是社會保障體系的重要組成部分，是實現社會保障的基本綱領；社會福利是社會保障的最高層次，是實現社會保障的最高綱領和目標。

中國社會保障的思想源遠流長。隨著各項改革事業的深化和市場經濟體制的逐漸確立，中國社會保障制度亦將由單項散點式的改革逐漸進入城鄉同步推進的總體改革階段。中國社會保障體系的發展目標是建立項目齊全、內容完整、分工負責、協調發展的完備的體系（如圖1.1所示）。

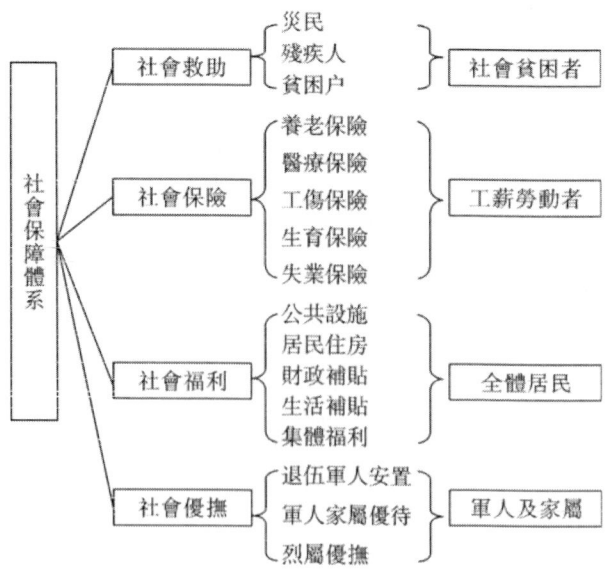

圖1.1 中國的社會保障體系

1.4.2 社會救助

1. 社會救助的定義

社會救助（Social Assistance）是指通過一定的管理體制、運行機制和保障體制的實施，為保障弱勢群體的基本生活以及解決他們生活中遇到的特殊困難而建立的各項救助制度總和[1]。

從制度安排看，社會救助門類齊全、項目完備，即建立起適合城鄉經濟發展水平，以基本生活保障為重點，涵蓋醫療、教育、住房、就業、司法、災害意外等各個方面的完善的、不同層次和可持續發展的社會救助制度體系。

從覆蓋人群看，社會救助制度覆蓋全體國民，即各項社會救助制度分別惠及城鄉普通大眾，能夠效地幫助不同境遇的最低收入國民、低收入國民以及遭遇突發急難事故的國民抵禦各種風險。

2. 社會救助的原則

社會救助具有以下原則：

（1）選擇性原則。社會救助制度的基本理念是以人為本和尊重人格，不把貧窮當成是罪惡，不歧視貧困群體，也不把貧困的主要原因歸咎為個人和特定的家庭。原則上它對那些需要救助的對象提供經濟救援，並且在其他方面提供可能的幫助。社會救助的是已經處於生活困境中成員，需要經過嚴格的資格認定程序，特別是要進行家庭經濟狀況調查以便核實申請者是否具備接受救助的條件。

（2）最低生活保障原則。社會救助不是為了提高社會成員的生活質量，而在於對已經陷入困境的社會成員給予幫助和支持，以滿足其最低或基本生活需求。就當前中國情而言，社會救助制度的目標必須是也只能著眼於「保底」。它要對付現實存在的貧困現象，使已經陷入貧困的那一部分社會成員能夠休養生息，繼而迅速擺脫貧困。同時這種「保底」功能也針對著依賴思想以及不勞而獲思想的滋生和蔓延。

（3）公平性原則。全社會除去個人之間的差異外，共同認可一條基準線（貧困線），這條線以下的部分是每一個公民的生活和發展中共同具有的。一個公民如果缺少了這一部分，那就無法保證謀生所必需的基本條件，因而要社會和政府來提供保障。公平性原則所包含的制度內容主要指最低生活保障、公共衛生和大病醫療救助、公共基礎教育三項。公平性原則就要求政府在實施社會救助時對所有需要救助的實施人群統一的標準，不論是城鎮居民還是農村居民，都應當獲得同等的救助。

3. 社會保險與社會救助的關係

如若不發展社會保險，勞動者面臨的疾病、工傷、老齡等各種風險就無法化解，很容易淪為社會脆弱群體，到時候進入社會救助的社會成員越來越多，社會救助遲早會不堪重負，難以實現可持續發展。在發展社會救助的過程中，應該注意與社會保險相互協調。例如，在農村，低保對象可以由政府代為繳費將其納入新型農村合作醫療的範疇，這樣既可以解決低保對象的醫療保障問題，又能夠促進新型農村合作醫療的

---

[1] 胡務. 社會救助概論 [M]. 北京：北京大學出版社，2010：8.

發展；在城市，要注意低保制度與失業保險制度的協調。

1.4.3 社會福利

1. 社會福利的含義①

社會福利有廣義和狹義之分。

廣義的社會福利是指由政府舉辦和出資的一切旨在改善人民物質和文化、衛生、教育等的社會措施，包括政府舉辦的文化、教育和醫療衛生事業、城市住房事業和各種服務業以及各項福利性財政補貼。

狹義的社會福利僅指由國家出資或給予稅收優惠照顧而興辦的、以低費或免費形式向一部分需要特殊照顧的社會成員提供物質幫助或服務的制度，通常包括老人、婦女、兒童等特殊群體的福利津貼或福利設施。

歐美國家一般從廣義上理解社會福利，即相當於我們常說的社會保障。而中國的社會福利通常是指整個社會保障的一個組成部分，大體介於廣義和狹義之間的中間層次，即既有對脆弱群體的服務與保障，又有為全民提供的普遍福利設施和資金保障。本書所講的社會福利的範疇即屬於中間層次的社會福利。

2. 社會福利的劃分

據不同的標準，可對社會福利進行不同的劃分。

按照福利的具體內容，可分為教育福利、住房福利、衛生福利、個人生活福利、各種社會津貼等。

按照享受福利的對象，可分為婦嬰福利、老年福利、殘疾人福利、兒童福利、青少年福利和單位職工福利。

3. 社會福利的基本特徵

作為整個社會保障體系的一個子系統，社會福利具有如下特點：

（1）保障對象全員化。社會福利的覆蓋範圍不像社會保險僅限於勞動者，也不像社會救助只限於特殊的弱勢社會群體，而是全社會成員，被稱為「按人頭」的社會保障制度。

（2）保障項目廣泛。社會福利的項目包括全社會成員享受的公共福利事業，如教育、科學、文化、體育、衛生、環境保護設施和福利服務；特殊人群享受的福利事業，如為孤寡老人、孤兒、殘疾人設置的福利院、教養院、療養院等；局部性的、選擇性的福利措施，即專為一定地區、一定範圍社會成員提供的福利待遇，如寒冷地區的冬季取暖津貼，租房的房租補貼等，這些項目或者是免費，或者是減費優惠。

（3）資金來源多渠道。社會福利項目的資金來源包括各級政府的財政預算撥款、各個組織單位的專項基金、社會團體的資助與捐獻以及福利服務的收費等。

（4）保障水平彈性化。社會福利的項目、範圍和水平取決於各個國家的經濟文化發展水平和受益者的需求程度。在一個國家的不同發展階段和不同時期，社會福利的內容和水平也有所不同，總的趨勢是隨著社會經濟發展水平的提高而不斷改善和提高。

---

① 胡務.社會福利概論［M］.成都：西南財經大學出版社，2008：8-9.

總之，社會福利的目標是改善全體社會成員的物質文化生活水平，提高國民的生活質量和福利。因此，社會福利是最高層次的社會保障制度。

社會保險、社會救助和社會福利在諸多方面有所不同，三者的比較如表1.2所示。

表1.2　　　　　　　　社會保險、社會救助和社會福利比較

保障項目 比較內容	社會保險	社會救助	社會福利
保障對象	薪金收入者、其他勞動者	生活在貧困線以下的公民	全體公民
資金來源	個人和雇主繳納為主，政府補貼	政府財政撥款和社會捐贈，個人不繳費	財政撥款、企業利潤分成、社區募捐、個人不繳費
保障水平	基本生活水平	最低生活水平	提高生活質量
給付標準	根據被保險人員的收入水平確定繳費額	根據資產調查情況	以平均分配為主
經辦主體	政府專門機構	政府有關部門、社會團體	政府、社會組織等
保障手段	提供保險津貼為主，相關服務為輔	資金、服務並重	以提供服務和福利設施為主，貨幣為輔

社會保險

2 社會保險制度的發展演變

2.1 社會保險制度的起源與發展

現代意義上的社會保險是資本主義發展到一定階段的產物。社會保險現已成為世界各國普遍實行的一種社會政策和社會機制。其發展歷程大致可以分為以下幾個階段：

2.1.1 社會保險制度的萌芽

18世紀60年代，工業革命在歐洲興起，資本主義機器大工業代替工場手工業，促進了資本主義生產力的迅速發展，提高了生產的社會化程度。它不僅使勞動方式、分配方式、活動方式發生了變化，而且使社會結構、家庭結構等也發生了一系列變化，並且帶來了許多新的社會問題和社會矛盾。在社會化大生產的過程中，由於機械化程度提高，工人勞動強度加大，終日在危險的機器旁邊、事故頻繁的礦井下、有害有毒的化工廠裡工作，工人傷殘事故、職業病、中毒事件時有發生。此時傳統的家庭結構已開始解體，家庭已無力再對勞動者遭受的各種勞動和社會風險提供保障。在此背景之下，工人開始自發組織私人保險和互助制度，以圖解決生活中的困難以及意外事故給自身及家庭帶來的不幸。早在17世紀和18世紀，英國就出現了由工人舉辦的友誼社和工會俱樂部等自助機構，採取自己出資的辦法，對遭受疾病、失業、意外事故或死亡等不幸的人，實行集體互助互濟。這種有組織的互助形式較之自發互助形式，救助範圍有所擴大，從疾病治療和死亡安葬擴大到養老、殘疾和遺屬撫恤等，參加的人數增多，規模也隨之擴大。所有這些團體、組織鬆散、範圍狹窄，不能滿足整個社會對社會保險的需求，但這種工人之間的互助互濟組織為現代社會保險制度的形成奠定了社會基礎。

2.1.2 現代社會保險制度的產生

19世紀後半葉，隨著社會化大生產的發展，資本主義由自由競爭階段過渡到壟斷資本主義階段，資本主義社會的基本矛盾日益暴露出來，工人階級與資產階級的鬥爭日益尖銳化。隨著鬥爭的不斷深入，工人階級的力量不斷發展壯大，開始走上政治舞臺，迫使資產階級政府在對工人運動進行鎮壓的同時，不得不考慮建立一種社會化的保護體系或社會安全網，來安撫工人階級，現代意義的社會保險得以產生。

現代社會保險最早產生於德國。1883年，德國首先頒布了《疾病社會保險法案》，這是世界上第一部社會保險法規，標誌著現代社會保險制度的誕生。隨後，德國政府

於1884年和1889年分別頒布了《工傷事故保險法》和《養老、殘疾、死亡保險法》。1911年，德國政府又頒布了《社會保險法》，將以前的社會保險條例合併，並增加了遺屬保險。至此，德國的社會保險體系初步形成。

繼德國之後，西歐和北歐各資本主義國家也先後建立了不同項目的社會保險制度。例如，奧地利於1887年建立工傷保險，1888年建立疾病保險，1906年建立老年保險，1920年建立失業保險。丹麥於1891年建立老年保險，1916年建立工傷保險。挪威於1894年建立工傷保險，1909年建立疾病保險。英國於1908年建立老年保險，1911年建立疾病保險。瑞典於1913年建立老年保險，1916年建立工傷保險。日本於1922年建立健康保險和工傷保險。

到20世紀20年代，大多數資本主義國家相繼建立各種社會保險制度，說明社會保險確實符合當時社會和經濟發展的普遍需要。但社會保險制度還只是初步確立，尚未形成完整的科學體系。

1929—1933年發生的世界性的經濟危機，造成巨大的社會震盪，大量企業破產，大批工人失業。為穩定資本主義經濟，適應壟斷資本主義政治與經濟利益的需要，主張國家干預經濟生活、實現充分就業的凱恩斯經濟學理論出現了，其基本觀點是強調國家對社會安全應該負更大的責任，這一理論為社會保險的進一步發展提供了政治、社會和思想基礎。1933年，美國總統羅斯福實行「新政」，把發展社會保險作為推行新政的一項內容。1935年，美國國會通過以社會保險為主體的《社會保障法》。該法提出了對於勞動者死亡、年老、傷殘、失業、職業病等，由政府提供最低生活保障金並確立了由聯邦政府、州和地方政府共同參與、分級辦理的社會保險體制，成為第一個制定社會保障法的國家。《社會保障法》的頒布，意味著社會保險開始進入一個新階段。

從1883年到第二次世界大戰前50多年的歷史中，社會保險制度已經在不少國家尤其是發達的資本主義國家得到初步發展，社會保險體系也初步建立。

2.1.3 現代社會保險制度的發展

從第二次世界大戰結束到1973年第一次中東石油危機爆發的20多年間，是社會保險制度蓬勃發展的時期。其主要標誌是西歐和北歐一些國家紛紛建立了「福利國家」。

1942年，英國牛津大學教授、經濟學家貝弗里奇向議會提交了一份《社會保險及有關服務》的報告，即英國社會保障歷史上著名的「貝弗里奇報告」。該報告主張對全體公民實行失業、殘疾、養老、生育、寡居、死亡等項目的社會保險，認為社會保障應當體現「普遍和全面」的原則，滿足所有公民不同的社會保障的需要。1945年英國工黨執政後，先後通過了《國民保障法》《國民健康法》等一系列法案。隨著這些法案的實施，英國宣布建成了「從搖籃到墳墓」均有保障的「福利國家」。

緊跟英國的步伐，不少歐洲國家也紛紛效仿，其中最典型的是瑞典。第二次世界大戰後，瑞典也推行公共年金制度和全民醫療制度，並建立起包括年金保險、醫療保險、失業保險、工傷保險以及社會救濟、家庭補助、免費教育、住房補貼等福利項目的福利體系。其福利設施的完善程度在西方國家名列前茅，被稱為西方社會的「福利

櫥窗」。

20世紀下半葉，東歐社會主義國家、中國以及亞洲其他一些社會主義國家，仿照蘇聯模式，紛紛建立了「國家統籌型」的社會保險模式。與此同時，一些從殖民地獨立出來的發展中國家，也先後建立起社會保險制度。值得一提的是，新加坡於1955年開始實施與傳統的社會保險國家迥然不同的強制儲蓄型的中央公積金制度，即國家立法強制雇主和雇員分別按雇員工資收入的一定比例繳納保險費（公積金），全部進入個人帳戶，由中央公積金局統一管理。這筆基金逐年累積，當雇員退休時，從個人帳戶累積額中領取退休金。這是一種典型的自我保障制度。從以上情況看，社會保險制度已成為全世界的共同舉措。

2.1.4 社會保險制度產生的理論基礎

社會保險是商品經濟發展的直接產物，其產生有著深厚的理論基礎。一般認為，福利經濟學、福利國家理論、凱恩斯理論、貝弗里奇報告和西歐社會民主黨的福利主義思想等為社會保險制度的產生奠定了理論基礎。

1. 福利經濟學

福利經濟學產生於20世紀20年代，以A. C. 庇古（1877—1959）在1920年出版的《福利經濟學》為標誌。他從資源配置最優的角度提出了最優收入分配的理論。他指出，低收入階層的貨幣邊際效用與高收入階層的貨幣邊際效用是不同的，通過累進所得稅的稅收進行收入再分配的調節，使貨幣的邊際效用趨於平等有助於收入均等化的實現。同時，他還研究了國民收入的增加、國民收入的分配、國民收入的變動等這些關係到全社會福利變動的問題如何實現收入的轉移，以提高經濟效益和消除貧富不均。國家可以通過向高收入階層徵收累進所得稅和遺產稅，給低收入階層進行各種補助和救濟，實現國民收入的再分配，使低收入階層和高收入階層的貨幣邊際效用趨於平等。這樣，一方面可以實現全社會的收入均等化，另一方面將有助於提高整個社會的福利。福利經濟學的這些觀點對西方發達資本主義國家的社會保險制度產生了極為重要的影響。

2. 福利國家理論

福利國家理論是由德國新歷史學派的施穆勒、布倫坦諾等人提出的。新歷史學派認為國家除了維護社會秩序和國家安全之外還有一個「文化與福利的目的」。因此，新歷史學派主張應由國家興辦一些公共事業來增進國民的福利，如實行社會保險發展公共教育、遺產稅等。20世紀初，英國費邊主義者韋伯夫婦最早提出了「福利國家」的概念，並設計了「福利國家」的藍圖，主張通過國家對貧民和失業者，包括病人、殘疾人及老年人實行救濟。他們企圖通過這種緩和的、漸進的改良方法實現所謂的「社會主義」。福利國家理論為社會保險制度的建立提供了一定的理論支撐。

3. 凱恩斯的政府干預理論

20世紀30年代爆發了席捲資本主義世界的經濟危機，西方主要資本主義國家工業凋敝，失業遽增，大批貧民流落街頭，社會矛盾異常尖銳。面對這次空前嚴重的經濟危機，1936年，英國經濟學家約翰·梅納德·凱恩斯（John Maynard Keynes, 1883—

1946）發表了他的《就業、利息和貨幣通論》（*The General Theory of Employment, Interest, and Money*），該書提出需要國家調節和干預資本主義經濟，國家不進行積極的經濟活動，私有制的資本主義不可避免地要滅亡。依靠國家干預經濟來提高社會的消費傾向和加強投資引誘，以擴大社會有效需求，否則就無法擺脫經濟危機和失業的困境。凱恩斯提出了一系列經濟政策主張，其中最主要的是財政政策、貨幣金融政策和對外經濟政策。而在這三種政策中，凱恩斯更注重財政政策的作用，認為後兩者只起輔助作用。他認為通過擴大政府開支、增加國家投資和國家消費，甚至通過赤字財政政策，大幅度提高社會福利，包括提高工資標準和擴大社會福利，即採取普遍福利政策，就可以抑制經濟危機和達到充分就業。凱恩斯的政府干預理論及其政策主張，是資本主義國家克服市場缺陷，以及應對經濟危機，制定經濟政策和社會保險制度產生的主要理論依據。

4. 貝弗里奇報告

1942年11月，英國的W. H. 貝弗里奇勳爵為了重建戰後和平，使英國獲得長久的安全，經過周密的調查研究，向英國政府提交了一份名為《社會保險及有關服務》的長篇報告，即著名的「貝弗里奇報告」。該報告建議社會保障計劃包括三種社會保障政策：社會保險——滿足居民的基本生活需求；社會救濟——滿足居民在特殊情況下的需要；自願保險——滿足那些收入較多的居民的需要。報告還提出了六條改革的原則：①基本生活資料補貼標準一致的原則；②保險費標準一致的原則；③補助金必須充分的原則；④全面和普遍性原則；⑤管理責任統一的原則；⑥區別對待的原則。報告還指出，它是一個以勞動和交納保險費為條件，保證維持人們所必需的收入，以盡快使他們可以勞動和繼續保持勞動能力的計劃。第二次世界大戰後，1945年8月，英國工黨執政，貝弗里奇的報告得以實施，《國民醫療保健法案》《國民工傷保險法案》《住房法案》等社會保險措施相繼出抬。1948年，英國首相艾德禮向全世界宣布：英國建成了「福利國家」。

2.2 社會保險制度的改革與發展趨勢

2.2.1 西方發達國家社會保險制度改革

20世紀80年代以來，許多國家在改革、修訂甚至重建自己的社會保險制度，但這絕不意味著社會保險制度走向終極，而是現代社會保險制度將適應時代的發展而更加理性地得到發展。

1. 福利國家改革的背景

進入20世紀70年代，整個西方世界經歷了國際貨幣體系的瓦解，能源、原料的危機後，通貨膨脹加劇，經濟增長停滯等一系列經濟問題。社會福利開支由於通貨膨脹加劇，失業人口增加，人口老齡化進程加快，人民生活需求提高和社會保險剛性仍在迅速擴大，社會保險和福利的項目不斷擴充，享受待遇的標準不斷提高，享受時間延

長。這種超過經濟發展承受能力的過度福利政策的實施，不同程度地給各福利國家帶來了一系列的問題。

一是經濟發展遇到困境。社會保險制度的發展需要與之相適應的經濟與社會環境。20世紀70年代以後，西方社會經濟發展緩慢，進入滯漲時期，這使得社會保險制度發展所依賴的穩定的經濟環境開始動搖。例如，1970—1980年，英國工業品增長率為1.9%，美國國內生產總值年均增長率在1970—1974年降為2.4%，1975年甚至出現負增長的情況。西方社會經濟增長緩慢不僅帶來嚴重的失業問題和貧困問題，政府財政收入減少和社會支出增速加快，使社會保險制度失去了穩定發展的經濟環境。

二是失業問題突出。充分就業是社會保險制度穩定運行的又一重要社會環境。20世紀70年代中期以後，西方國家失業問題越來越嚴重。例如，1975—1980年，德國失業率一直在4%左右徘徊，1981年達到5.5%，1982年達到7%，1985年甚至達到9.2%；1970—1979年美國的失業率為6.2%。嚴重的失業問題減少了社會保險繳費人數，導致失業保險支出快速增加，也使西方社會保險制度穩定發展的環境趨於惡化。

三是人口老齡化加劇。社會保險制度的發展還與人口發展狀況密切相關，尤其是人口年齡結構對社會保險制度具有直接影響。20世紀中期以後，西方人口平均壽命明顯延長。例如，1965—1985年，法國男性平均壽命從68歲提高到71歲，女性從75歲提高到79歲；英國男性平均壽命從68歲提高到72歲，女性從72歲提高到78歲。人口老齡化趨勢明顯加快，人口老齡化為社會保險制度的發展帶來一系列問題。另外，老年人口贍養率不斷提高。1980—2000年，美國老年人口贍養率從16.9%提高到19.0%，日本從13.4%提高到25%，德國從23.7%提高到24.0%。

四是社會保險制度內在問題凸顯。隨著社會保險制度的不斷發展，其所具有的剛性特點越來越明顯地表現出來。社會保險項目不斷增加，社會保險範圍越來越廣。社會保險覆蓋面擴大是社會保險制度發展的必然要求，但社會保險覆蓋面過分擴大也會帶來一些消極後果。另外，保險標準和水平也在不斷提高。例如，1965—1980年，英國社會保障水平從14.4%提高到24.5%，德國從19%提高到31.3%，瑞典從17.5%提高到33.5%。隨著保險覆蓋面的不斷擴大和保險標準水平的不斷提高，社會保險支出不斷增長，而在西方國家社會保險基金來源構成中，國家財政補貼和雇主繳費占較大比例，個人社會保障繳費所占比例較小。這導致了政府財政支出面臨巨大壓力，導致各種社會保障津貼領取者個人責任意識減弱，使傳統現收現付型社會保險基金籌資模式面臨嚴重挑戰。

五是當代西方社會保險制度理念的改變。20世紀70年代以後，西方社會保險制度理念開始發生變化，強調國家、社會與個人的共同責任，主張自助、自主與國家保障相結合的社會保險理念逐漸成為西方社會保險制度的基本理念。

2. 改革措施

針對公共福利支出膨脹及其引發的財政危機和社會保障部門逐漸龐大而逐漸演化成官僚機器的現象，福利國家在維護福利國家模式的基本前提下，自20世紀80年代開始，就將改革或修訂原有的社會保險制度作為一種必要的發展手段。英國從前首相撒切爾夫人到布萊爾政府，均致力於福利領域的改革；瑞典社會民主黨自1982年重新執

政後以「保衛福利,重建經濟」為口號,對社會保險制度實施調整;其他福利國家也對社會福利制度做出了一定程度的調整。

概括起來,福利國家對社會保險制度的改革措施主要有如下幾點:

(1) 削減福利支出。例如,英國在撒切爾夫人執政時即採取了減少住房補貼和用優惠價格向住戶出售公有住房的方法,同時允許公費病人到私人醫院看病;瑞典規定了最高養老金的限額,同時減少了失業救濟金和多子女補助費,提高退休年齡來減少養老金支出;等等。

(2) 調整福利結構。例如,英國自1998年開始實施「改救濟為就業」的計劃,以幫助較長時間沒有工作的年輕人和城市貧民區單身母親找到工作,同時準備取消收入較高家庭的兒童補貼和母親補貼。

(3) 擴充社會保險資金來源。例如,努力促進經濟發展,降低失業率,由此而使繳費人數增加和徵收的社會保險稅增加;制定更加嚴密的稅收徵管辦法,防止偷稅漏稅行為的發生;提高退休年齡以保證社會保險基金財務的可持續性。

(4) 引入私營競爭機制,擴大福利提供領域的市場經濟成分。政府採取積極措施鼓勵私人機構參與社會保險管理與營運,作為福利國家社會保險的一個補充。在養老保險方面,政府提供各種優惠政策,鼓勵社會及私人承擔一部分老年人的贍養義務,從而減輕政府的財政負擔。在醫療保險方面,各國積極發展私營醫療。

2.2.2 新興國家社會保險制度改革

1. 新加坡的中央公積金制度

1955年,新加坡開始建立中央公積金制度,所有公共部門和私人部門的雇員強制性參加中央公積金制度,雇主和雇員共同繳納公積金,國家不承擔繳費責任。公積金個人帳戶分為「普通帳戶」「醫療儲蓄帳戶」和「特別帳戶」三類,會員年滿55歲後,個人帳戶由三個帳戶轉為退休帳戶和醫療儲蓄帳戶。隨著新加坡公積金制度的不斷改革,公積金的使用範圍逐步擴大。20世紀60年代末,公積金存款開始用於購買住房;20世紀80年代初,公積金存款可以用於自己、配偶、子女、父母、祖父母的醫療和住院費支付;20世紀80年代末,允許使用公積金貸款以支付子女的教育費用;20世紀90年代初,允許自我雇傭者加入公積金制度,並推進公積金投資環境的改善。這樣,新加坡的公積金制度從最初的僅僅適用於養老保險,逐步擴大到住房、醫療保健、教育和其他領域。從受雇傭者逐步推廣到其他勞動者,逐漸成為新加坡社會保障制度的核心部分。

2. 智利的私營化養老金模式

1980年,智利政府頒布《養老金制度改革法》,此法規定個人必須為自己的養老強制性儲蓄,並在基金管理公司中建立個人帳戶,個人帳戶完全由個人繳納。養老金包括正常退休養老金、提前退休養老金扣殘疾遺屬養老金三部分。正常退休年齡男性為65歲,女性為60歲。養老金支付分為三種形式:第一種支付方式是年金,由養老基金公司根據將要退休者養老存款額為其在保險公司購買相應等級的保險,並由保險公司逐月支付一定數量的養老金;第二種支付方式為按計劃支付,養老基金公司將退休

者的養老存款存在本公司，退休後從養老基金公司每年領取一份年金；第三種是按計劃支付與年金相結合，退休者根據自己的情況決定在一定時間內領取按計劃支付的年金，期滿後轉入年金支付方式。養老基金完全由私營養老基金管理公司管理，養老基金管理公司經營效益完全依靠市場競爭實現，個人不僅可以自由選擇養老基金管理公司，而且可以自由地調換養老基金管理公司。

新加坡和智利的社會保險制度改革的本質特點是建立強制儲蓄的養老保險制度，其措施和模式選擇對當代西方社會保險制度的改革產生了直接影響。

2.3　中國社會保險制度的發展演變

2.3.1　中國古代社會保障制度

1. 古代政府的行為

中國傳統的政治觀念認為政府應承擔起社會保障的主要責任。在這一思想的指導下，歷朝歷代均有不俗的表現。

（1）賑濟災民。西周中央政府為挽救自然災害所造成的破壞，設置地官司徒一職，並且採取了「一曰散利，二曰薄徵，三曰緩刑，四曰弛力，五曰舍禁，六曰去幾，七曰眚禮，八曰殺哀，九曰蕃樂，十曰多昏，十有一曰索鬼神，十有二曰除盜賊」的荒政措施。由於中國一直以來都是發生自然災害較頻繁的國家，為減少社會損失，維護社會秩序，政府必然要提供相應的救助服務。

（2）養老慈幼。宋代的社會保障涉及的範圍之全至今都令人嘆為觀止，而較突出的是建立的一整套的收容機關。例如，福田院主要收容貧民、乞丐和殘疾無依靠者；對一些因貧困無力埋葬的死者，政府又設立漏澤園進行安葬；嬰兒局、慈幼局等機構主要是「為貧而棄子者設」。宋朝創建的這些官方慈善機構給予絕望者以希望，因此緩和了社會矛盾，並逐步演變成為現在的老年福利院、兒童福利院等福利機構。

（3）優待退休的官員。規範的致仕制度在漢朝就已成型，當時規定五品以上官員滿70歲退休時，朝廷要給予豐厚賞賜，並可享受原俸的1/3作為養老金，直到去世。這一制度既保證了在職官員對朝廷的忠心，也鼓勵了年邁體弱的官員適時退位讓賢。

2. 民間團體

孟子在《孟子·滕文公上》中所提出的「出入相友，守望相助，疾病相扶持，則百姓親睦」就反應了儒家的社會互助思想。

（1）鄉約制度。由呂大鈞等人制定的《呂氏鄉約》將社會民眾同鄉或宗族成員相互的要求用契約形式確定下來，其主要內容是：德業相勸，過失相規，禮俗相交，患難相恤。其中的患難相恤即要求同鄉者在他人遭遇災難時要予以援助，共同分擔風險，這體現了中國古代人民樸素的社會保障精神。

（2）社倉制度。南宋時，朱熹創建了社倉制度。其主要特點是：設於農村，救助農村貧窮無助者；官督民辦，免除吏緣為奸之弊；平年以穀米貸放收息，增加倉米積

蓄，也增強了抗災能力；用息米賑濟無償還能力的孤老殘幼。因此，社倉制度同時具有扶貧和賑災兩項功能。

2.3.2 新中國社會保險制度的建立

新中國成立之後，中國政府非常重視社會保險制度的建設。1949 年 10 月 1 日，中華人民共和國成立，當時充當臨時憲法的《中國人民政治協商會議共同綱領》為建立新中國的社會保障制度提供了最基本的法律依據，該綱領明確規定「革命烈士家屬和革命軍人家屬，其生活困難者應受國家和社會的優待。參加革命戰爭的殘疾軍人和退伍軍人，應由人民政府給以適當安置，使其能謀生自立」，並要「逐步實行勞動保險制度」等。

1951 年 2 月 26 日，政務院頒布《中華人民共和國勞動保險條例》，並經 1953 年、1956 年兩次修訂，全面確立了適用於中國城鎮職工的勞動保險制度，它的實施範圍包括城鎮機關、事業單位之外的所有企業和職工，從而成為新中國社會保險制度中最重要的制度。1952 年 6 月，政務院頒布《關於全國各級人民政府、黨派、團體及所屬事業單位的國家工作人員實行公費醫療預防的指示》，實施數十年之久的公費醫療制度自此建立。1955 年 12 月，國務院發布《國家機關工作人員退休處理暫行辦法》《國家機關工作人員退職處理暫行辦法》《關於處理國家機關工作人員退職、退休時計算工作年限的暫行規定》《國家機關工作人員病假期間生活待遇試行辦法》等法規，國家機關、事業單位職工退休、退職制度由此確立。至 1957 年年底，中國社會保險制度的奠基階段基本完成。

2.3.3 當代中國社會保險制度的發展

20 世紀 80 年代以後，中國進入改革開放時代。1987 年，國務院下發了改革開放以來第一部關於養老保險的法規《國營企業實行勞動合同制暫行規定》，明確規定了對勞動合同制工人的退休養老保險實行社會統籌，退休養老金的來源由企業和工人共同承擔，實行社會統籌與個人帳戶相結合，社會保險管理和社會保險基金經營分開；1997 年頒布的《關於建立統一的企業職工基本養老保險制度的決定》提出了「統帳結合」的養老金模式。

自 1998 年以來，中國加快了社會保險制度的改革步伐，各種社會保險政策相繼出抬。1998 年頒布《關於建立城鎮職工基本醫療保險制度的決定》，開始建立統一的基本醫療保險制度。1999 年頒布《失業保險條例》，推進了失業保險制度的完善和發展；同年開始實施《城市居民最低生活保障條例》，進一步規範和完善了最低生活保障制度。2003 年頒布《工傷保險條例》，工傷保險制度開始規範化發展；同年發布《關於建立新型農村合作醫療制度意見的通知》，推動了農村公共醫療衛生事業的發展。2009 年發布《關於開展新型農村社會養老保險試點的指導意見》，推動農村社會保險進入一個新時期。2014 年 2 月，國務院發布《關於建立統一的城鄉居民基本養老保險制度的意見》，在總結新型農村社會養老保險（簡稱新農保）和城鎮居民社會養老保險（簡稱城居保）試點經驗的基礎上，將新農保和城居保兩項制度合併實施，在全國範圍內

建立統一的城鄉居民基本養老保險（簡稱城鄉居民養老保險）制度。2015年1月，國務院印發《關於機關事業單位工作人員養老保險制度改革的決定》，決定對機關事業單位工作人員養老保險制度進行改革，施行與城鎮職工基本養老保險一致的養老保險制度。

至今，中國已建立起了統籌城鄉的社會保險制度，朝著建立更加公平、可持續發展的社會保險制度目標邁進。

3 社會保險管理

3.1 社會保險管理的內涵及主要內容

3.1.1 社會保險管理的內涵

社會保險管理是指為實施社會保險制度，國家和政府成立專門的社會保險機構，組織專業人員，運用現代管理學原理對社會保險活動進行決策、計劃、監督、調節以及對社會保險基金進行籌集、營運、管理和相關待遇給付等一系列活動。社會保險管理的基本任務是保證現行社會保險法律、法規、政策得以貫徹落實。

社會保險管理的主要內容包括：第一，社會保險的行政管理，即行政部門依法對社會保險進行的職能範圍內的管理與監督，如社會保險法律、法規的制定和社會保險組織機構的建立；第二，社會保險財務管理，即對社會保險的基金進行管理（專款專用、保值增值），包括社會保險基金的籌集（繳費標準是否達到）、運用以及社會保險待遇的給付（各種保險待遇是否給付）等；第三，社會保險的對象管理。例如，對社會保險對象個人信息的收集和掌握；第四，社會保險的監督管理，即由國家行政管理部門、專職監督部門、利害相關者以及有關方面對社會保險尤其是社會保險基金的有關管理機構和管理者的管理行為進行的監督過程。

3.1.2 社會保險管理的原則

1. 法制化原則

社會保險是國家通過立法以行政手段推行的，具有強制性和法制性，在具體實施中還存在社會監督。法制化原則表現為：第一，社會保險管理機構、職位依法設立；第二，社會保險管理系統依法運行，在職權範圍內處理相關事務；第三，社會保險管理要先立法，然後建立體制，後者是貫徹法律、執行法律的工具。

2. 公正、公開及效率原則

第一，社會保險管理體制的公正性。社會保險管理機構必須負責社會保險制度的運行，維護社會保險制度的公正，保護全體社會成員的社會權益，做到法律面前人人平等，辦事以事實為依據、以法律為準繩，不偏不倚。

第二，社會保險管理體制的公開性。社會保險管理機構向社會成員公開社會保險機構及其職責，增強管理的透明度，確保所有社會成員的知情權。這有利於明晰知情權，順利解決糾紛。

第三，社會保險管理體制的效率性。效率是社會保險管理的最主要目標之一，如管理機構職責分明、政令統一、管理成本最低化、管理資源配置最優化等。

3. 屬地化管理原則

屬地化管理原則是指一個地區的社會保險事務主要由當地的管理機構統一管理，其目的在於維護社會保險制度的公平性、互濟性和社會性。

3.1.3 社會保險管理的模式

一個國家的社會保險管理模式，往往因歷史背景、社會制度和經濟發展水平等因素的不同而存在一定的差異。經過總結歸納，國際上比較典型的社會保險管理模式可大致劃分為集中管理、分散管理和集散結合管理三種模式。

1. 集中管理模式

集中管理模式是指將養老、醫療、工傷保險及其他社會保險項目統一在一個管理體系內，建立統一的社會保險管理機構，對社會保險各項目基金的籌集、待遇給付、運行監督等進行集中管理。這種模式以英國、新加坡等國家為代表。

集中管理模式的特點為：第一，社會保險決策權統一在中央；第二，社會保險預算權統一；第三，各級政府間的聯繫是一種雙重標準。

集中管理模式的優點為：有助於社會保險的集中管理與規劃以及統一實施和監督，可以更有效地發揮社會保險的功能；有助於社會保險各項目的運行、各環節之間的協調和社會保險基金的集中管理和調劑使用，真正發揮社會保險的互助功能；有助於降低社會保險的管理成本；有助於增加管理的透明度，保證社會保險基金的專款專用。

集中管理模式的缺點為：部門管理和利益難以協調，影響管理效果；行政干預較多。

2. 分散管理模式

分散管理模式是指採取不同的社會保險項目，由不同的政府主管部門管理，各自建立起一套保險執行機構、資金營運機構及監督機構，各保險機構之間是相互獨立的，資金不能相互融通使用。最典型、運作最成功的分散管理模式是德國的社會保險管理體制。

分散管理模式具有以下特點：第一，多部門管理，管理呈現分散特點。第二，管理成本高。以德國為例，1994年德國養老保險的管理費用占所繳養老保險金的3%，1994年高達101億德國馬克，而同時期日本、美國的養老保險管理費用只占1%。第三，因機構龐雜和相互獨立而導致工作重複。例如，德國的醫療保險機構仍要對退休人員徵收醫療保險費，其中一半由退休人員承擔，另一半由養老保險機構自動轉匯到醫療保險的帳戶上。資金運轉上的反覆以及立法文件的繁浩都為被保險人和保險機構管理增添了許多難題。

分散管理模式的優點為：各管理機構自主性強（能制定適合自己管理的社會保險項目特點的管理辦法）、適應性強；管理獨立性強，可以根據客觀需要調整社會保險項目，靈活地適應社會生活需要。

分散管理模式的缺點為：管理機構多，管理成本高；機構工作重複，社會保險資源浪費。

3. 集散結合管理模式

集散結合管理模式是根據各項社會保險管理要求上的差異，把共性較強的部分項目集中起來，實行統一管理；把特殊性較突出的若干項目單列，由相關部門進行分散管理。其形式是把養老保險、醫療保險、遺屬補助等集中起來，或者建立專門的社會保險部門進行統一管理，或者在某個部門下設立保險管理機構進行管理，而把失業保險、工傷保險交與勞動部門管理。

集散結合管理模式的優勢主要體現在兩個方面：一是既體現了社會保險社會化、規範化、一體化的發展要求，又兼顧了個別保障項目的特殊性要求；二是節約了管理成本，提高了管理效率。通過失業保險的單列，把失業保險與就業促進結合起來，有力地促進了社會就業工作，收到了很好的效果。

美國、日本都採用了這一模式。日本的厚生省負責管理養老年金和醫療保險，並在厚生省設立了年金局和社會保險局，而勞動省則負責失業保險。美國的失業保險也由勞動部門管理，而老年和遺屬保險、殘疾保險、住院保險則由聯邦政府衛生與人類服務部下的社會保險署實行統一管理，並在全國各地設置了 1,400 多個社會保障辦事機構。從 1995 年 3 月開始，社會保障署已經從衛生與人類服務部分立出來，成為獨立於政府的機構。

3.2 中國社會保險行政管理體制

3.2.1 中國社會保險行政管理體制的變遷

從歷史的角度來瞭解、認識中國社會保險行政管理體制的演變歷程，有助於清晰地認識中國社會保險行政管理體制的發展脈絡，並在借鑑經驗、吸取教訓的基礎上，制定出更加適合中國當前國情的社會保險行政管理體制方案。

1. 以內務部、勞動部、衛生部為主的「三部主管」格局（1949 年 10 月—1954 年 8 月）

1951 年 2 月 26 日，政務院頒布的《中華人民共和國勞動保險條例》中明確規定：各大行政區工會組織對所屬各省、市工會組織及其區域內產業工會組織的勞動保險工作，負指導督促之責。中華全國總工會為全國勞動保險事業的最高領導機關，統籌全國勞動保險事業的進行，督導所屬各地方工會組織、各產業工會組織有關勞動保險事業的執行。各級人民政府勞動行政機關監督勞動保險金的繳納，檢查勞動保險業務的執行，並處理有關勞動保險事件的申訴。中央人民政府勞動部為全國勞動保險業務的最高監督機關，貫徹勞動保險條例的實施，檢查全國勞動保險業務的執行。這種「管辦分離」的行政執行原則也是這一時期社會保險不同於社會救濟與社會福利「管辦合一」行政管理體制的重要特點之一。

2. 以總工會、內務部、衛生部為主的「三部主管」格局（1954年9月—1968年12月）

1954年6月15日，勞動部、全國總工會下發《關於勞動保險業務移交工會統一管理的聯合通知》，對移交勞動保險業務、文件、撤銷勞動部門的勞動保險機構等提出了具體規定。此後，各級工會統管全部勞動保險工作。至此，在上一時期實行的執行權與監督權相分離的管理模式演變為執行權與監督權相統一的管理模式，形成了工會參與擬法、政府立法、工會具體經辦的社會保險業務管理格局。

3. 停滯和重建階段的社會保險經辦管理格局（1969年—1988年3月）

1969年1月—1970年6月，內務部、勞動部相繼被撤銷，直到「文化大革命」後期，社會保險行政管理機構工作才逐步恢復正常。1978年5月，民政部成立，其中政府機關人事局主管國家機關工作人員的社會保險業務。1978年10月，全國總工會恢復工作，建立生活辦公室（後改為生活保險部，1979年改為勞動保險部）。1987年3月，中央財經領導小組決定在各級勞動人事部門設立退休費用統籌管理委員會，對退休費用統籌工作進行統一管理。

4. 「四部門」分管下的「多龍治水」管理格局（1988年4月—1993年10月）

20世紀80年代中期以來，社會保險行政管理體制改革不斷向分散化方向發展。1988年4月，國家撤銷勞動人事部，分別組建人事部和勞動部，社會保險業務的管理也隨之變更為勞動部主管企業職工社會保險、人事部主管國家機關事業單位社會保險的格局。1990年7月由民政部負責主管農村社會保險業務，中國社會保險經辦機構再次呈現「三分天下」的格局。再加上衛生部管理國家機關事業單位的公費醫療保險、中國人民保險公司承辦部分城鎮集體企業單位職工的養老保險、勞動服務公司負責部分單位職工的失業保險，這一時期的社會保險經辦機構實際上由4個國家部委、11個行業分割管理，呈現出鮮明的「多龍治水」的管理格局。

5. 統一社會保險行政管理體制下的社會保險經辦機構新格局（1993年11月至今）

1993年11月14日，中共十四屆三中全會通過的《關於建立社會主義市場經濟體制若干問題的決定》提出「建立統一的社會保險管理機構」的改革設想，並明確了社會保險行政管理和社會保險基金經營分離的管辦原則。1998年3月，在原勞動部的基礎上組建了勞動和社會保障部，綜合管理全國勞動與社會保障工作，其組建已經意味著社會保險經辦機構改革朝著「大整合」的方向邁進了一步，也標誌著中國社會保險行政管理機構發展歷史上統一管理基本框架的首次確立。隨著經濟體制改革的不斷深入，行政體制改革的「大部制」方向日益明確。2008年3月，國務院機構改革方案確定，撤銷原人事部、勞動和社會保障部，重新組建人力資源和社會保障部，接管原勞動和社會保障部主管的所有相關社會保險業務。因此，僅就社會保險行政管理體制而言，改革前後的經辦機構管理職責並沒有發生實質性變化。同時，由於新型農村合作醫療保險的相關業務仍歸衛生部管轄，可以說，此次社會保險經辦機構調整並沒有從根本上觸動勞動保障與衛生兩大部門主管社會保險業務的格局。

3.2.2 中國社會保險行政管理體制存在的問題及改革

1. 存在的問題

事實上，當前這種名義上由統一部門負責，實質上多部門介入、管辦不分家的行政管理體制有悖於現代行政體制改革的方向，直接導致了當前中國社會保險經辦機構在運行過程中存在許多問題。

(1) 機構設置分散、權責關係不明。

從目前情況來看，由於行政體制更迭的時滯性、部門間的利益矛盾、歷史遺留問題等客觀因素，地方各級社會保險業務經辦機構設置並未真正做到與中央部委管理機構相一致，社會保險業務管理被分散到勞動保障部門、衛生部門等多個部門，個別地方的部分社會保險業務甚至仍歸民政部門管轄，組織機構設置分散。這些直接導致社會保險業務交叉管理，加重地方實際經辦部門的工作難度，常出現政出多門、效率低下、部門分工職責不明等問題。

(2) 管辦不分、監管乏力。

如前所述，自20世紀50年代中期結束「管辦分離」的行政管理體制後，中國的社會保險行政管理體制再也沒有脫離「管辦不分家」的模式。這種缺乏實質性監督機制的行政體制直接導致了近年來社會保險基金被擠占和挪用、違規投資等基金非法使用現象屢禁不止、各部門互相推諉等問題。

(3) 經辦機構能力不足。

數據顯示，中國2007年5項社會保險參保總人次達到7.37億，而2007年社會保險經辦機構在編人員僅約13萬人，平均每人經辦社會保險業務達56,692,307.69人次。如此懸殊的人均經辦人次比很難保證服務的質量與效率。有學者將此現象戲稱為中國社會保險經辦機構特有的「小馬拉大車」現象。

(4) 信息重複建設現象嚴重。

目前，中國實行的是按險種設置的單險種經辦機構行政體制，業務管理較為單一。這一模式雖然能夠集中力量提供較為專業化的服務，但由於社會保險的5大險種都辦理登記、核定繳費基數以及徵集、錄入、維護基礎信息等共同業務，單險種經辦機構行政體制難免會出現信息採集重複操作、辦理手續重複的現象。這不僅降低了經辦機構的行政效率，加大了業務管理、技術支持的難度，而且浪費了人力、物力、財力，還給參保者帶來諸多不必要的麻煩。

除此以外，社會保險機構經辦人員業務素質有待提高、人員隊伍建設落後、經辦經費有限等問題也制約著社會保險機構的正常運轉，更直接影響社會保險各項目的順利開展和實施。

2. 改革建議

(1) 改革的基本原則：

第一，國家承擔責任與社會承擔責任相結合，以社會承擔責任為主。國家承擔責任是指國家出面建立政府管理機構，統一政令、法規，保證公民享受社會保險的權利和承擔的義務，實現社會保險的根本任務和長遠目標。

第二，社會化管理與單位管理相結合，以社會化管理為主。從具體實施角度看，社會保險就是在社會範圍內統籌，調劑社會保險基金，對社會保險對象給予一定的物質幫助，提供一系列必要的服務。因此，社會保險的具體業務應由社會化的社會保險業務管理機構和社會服務機構負責實施，即實行社會化管理。

第三，內部控製與外部控製相結合，以內部控製為主。建立完整的外部控製，主要是確立政府和其他社會團體對社會保險管理工作的監督職能。因此，需要建立起一套科學的監督程序，同時建立一套外部控製機制。

（2）監管分離：中國社會保險行政管理體制改革的關鍵。

社會保險是社會保障體系中的核心內容。社會保險制度的特殊性要求其行政管理體制要絕對實現「管辦分離」，採取監督與經辦相分離的模式；否則，其他的一切改革及提高效率的做法只能是空中樓閣。

（3）從分立到統一：中國社會保險行政管理體制改革的未來方向。

社會保險所具有的強制性、互濟性、社會性及特殊的保障功能決定了社會保險行政管理體制的最優模式為集中式管理，即管理機構設置採取在全國設立自下而上、自成系統的統一的社會保險行政管理機構，從而實現對社會保險基金的統一徵繳、集中管理、統籌調劑。

事實上，集散結合的管理模式是當前國際上較為流行的社會保險管理模式。這種根據保險項目的特性，將社會保險共性較強的項目集中起來實行統一管理，將特殊性較強的項目單列，由統一的社會部門分散管理的模式，具有極大的靈活性和可操作性。

綜上所述，無論是從現實因素出發，還是結合歷史傳統考慮，企圖一蹴而就地實現社會保險經辦機構的大統一併不是當前中國社會保險經辦機構改革的最優路徑選擇。統一是社會保險經辦機構改革的必然趨勢，不能盲目地追求統一的進程，也不能以消極的態度迴避事實。結合當前中國實際，借鑑國際經驗，循序漸進地推進由分立到統一才是適合中國社會保險行政管理機構改革的獨有道路。

4 社會保險基金

4.1 社會保險基金概述

4.1.1 社會保險基金的含義及特點

1. 社會保險基金的概念

社會保險基金是指為保障社會勞動者在喪失勞動能力或失去勞動機會時的基本生活需要，在法律的強制規定下，通過向勞動者及其所在單位徵繳社會保險費，或由國家財政直接撥款而集中起來的資金。社會保險基金問題是社會保險的核心問題[1]。

社會保險基金一般由養老保險基金、醫療保險基金、失業保險基金、工傷保險基金和其他社會保險項目的基金構成，通過雇員與雇主共同繳納社會保險費的方式構成法定社會保險基金的基本形式。社會保險基金大多通過雇主與雇員繳費，國家在稅收、利率和財政上資助的三方負擔原則來籌集社會保險基金，並主要通過貨幣支付方式提供各類險種的社會保險金。

2. 社會保險基金的特點

（1）法律強制性。

強制性是社會保險的顯著特徵之一，也是社會保險的基本特徵。社會保險基金的籌集、管理和使用都具有法律強制的特性。例如，雇主和雇員必須依法按時、按法定費率繳納社會保險費。基金管理機構對社會保險基金的投資營運、投資組合與投資數額的確定均須依法進行，以確保基金具有穩定的資金來源和安全有效的基金管理方式。而商業性保險基金、金融性信託基金則是在自願的基礎上依據商業契約而建立，基金管理及規則要相對寬鬆一些。

（2）社會政策目的性。

社會保險基金的建立與管理都帶有明顯的社會政策目的性，即國民在遭受社會風險的背景下，為其提供基本的收入保障，以保證社會穩定和經濟、社會的協調發展。社會保險基金的管理和營運雖然具有經濟目標和促進經濟發展的功效，但最終應服從於社會保險應遵循的社會政策目標。

社會保險基金的籌集、精算測定原則、社會保險基金收支平衡都體現出政府不同程度的干預，這種干預還體現在政府以隱性債務的方式承擔勞動者代際間收入再分配

---

[1] 林義. 社會保險基金管理 [M]. 2 版. 北京：中國勞動社會保障出版社，2007：8.

的責任。

(3) 特定對象性。

社會保險的保障對象是工薪勞動者，而不是所有社會成員。社會成員中還包括沒有任何收入、依靠其他人扶養的人，如兒童、學生、殘疾人等。解決他們的生活保障問題需要依靠社會救濟和社會福利部門，他們沒有能力繳納社會保險費用，只是被動地接受保障。但勞動者不同，他們有勞動收入，只是在發生意外失去勞動收入時才需要接受補償。因此，在他們有勞動收入時，有義務分擔社會保險費用。這一特點也表明，社會保險費用不能完全由國家統包下來，而應由國家、企業、勞動者共同負擔。

(4) 統籌互濟性。

社會保險通過國民收入的分配和再分配形成專門基金，其中不同比例的資金供統一調劑使用，使社會勞動者共同承擔社會風險。一般地，在形成社會保險基金的過程中，高收入的社會勞動者比低收入的勞動者繳納較多的保險費；而在使用的過程中，一般根據實際需要進行調劑，不是完全按照繳納保險費的多少給付保險金。可見，社會保險具有較強的統籌互濟因素，個人享受的權利與承擔的義務並不嚴格對應。

(5) 儲存性和增值性。

從每個勞動者的生命歷程來看，在勞動者具有勞動能力的時候，社會就以各種方式將其所創造的一部分價值逐年累月進行強制性扣除，經過長年儲存累積，在其喪失勞動能力或勞動機會、收入減少或中斷時，從累積的資金中為其提供補償。社會保險基金的儲存性意味著這種資金最終要返還給勞動者，因為這種資金不能移作他用，社會保險經辦機構只能利用時間差和數量差使之增值，使勞動者因基金增值而得益，從而進一步體現社會保險的福利性。

與儲存性相對應，社會保險基金還具有增值性。被保險人領取的保險金有可能高於其所繳納的保險費，其差額除了企業（雇主）繳納和政府資助外，還需要保險基金的營運收入來補充。從投保開始到領取給付，物價在不斷上漲，保險基金只有投入營運才能保值增值，否則就達不到社會保險的保障目的。在這一點上，社會保險基金同商業保險基金相似，而不同於財政後備基金。

4.1.2 社會保險基金運行的構成要素

1. 社會保險基金來源

從各個國家的實際情況來看，除工傷保險基本上由企業負擔外，其他保險項目的基金，一般由個人、用人單位及國家三方出資形成。大體上可以分為三種出資模式：個人、企業和國家共同分擔的出資形式，企業和國家分擔的出資形式，個人和企業分擔的出資形式。社會保險基金主要來源於個人繳費、企業繳費、政府資助或補貼、基金的投資收益四種形式。此外，還有其他經營性收入，如利息、利潤以及社會捐贈等也可進入社會保險基金。

2. 社會保險基金籌集方式

(1) 開徵社會保險稅。

社會保險稅是國家為確保用於各種社會保險所需要資金而對雇主及受益人取得的

工薪收入徵收的一種稅。稅率的形式有兩種：一種是比例稅率，即在規定的稅基限額下均適應一個稅率；另一種是累進稅率，即根據工薪收入的不同級距設置不同稅率。

開徵社會保險稅是大多數國家普遍採用的一種籌資形式。到目前為止，建立社會保險制度的160多個國家中，有80多個國家開徵了社會保險稅。通過開徵社會保險稅籌資的國家，保險項目簡單明了，繳稅和支付均遵循統一的章法。以這種籌資形式籌集的社會保險基金直接構成政府的財政收入，成為政府預算的重要組成部分，因此社會保險收支平衡的狀況直接影響政府財政收支平衡，組織和管理社會保險收支是財政部門的一項經常性工作。

（2）社會保險統籌繳費。

社會保險統籌繳費是指由雇主和雇員以繳費的形式來籌集社會保險基金。社會保險基金由政府指定專門機構負責管理和運作，不直接構成政府財政收入，不足部分由財政專款補助。因此，政府財政部門不直接參與社會保險基金的管理和營運，但對社會保險收支進行監督。實行社會保險統籌繳費的國家，保險項目比較繁雜，並且每一項目都有相對獨立的一套繳費辦法。

（3）建立預算基金帳戶制。

預算基金帳戶制是一種強制性儲蓄，具體方法是將雇員的繳費和雇主為雇員的繳費存入個人帳戶。這筆款項及由此產生的利息之所有權歸雇員個人，政府僅有部分使用權和調劑權。新加坡是實行這一制度的代表國家。

3. 社會保險基金支付方式

社會保險基金支付是指社會保險基金管理機構按照法律法規規定的條件、標準和方法支付各類社會保險金，是社會保險政策的最終目標與其保障功能實現的體現。社會保險基金的最終支付，一般是以貨幣形式支付，如養老保險金、失業保險金和部分醫療保險津貼，部分是以實物形式和服務形式支付。

社會保險基金支付的具體方式與具體的社會保險種類以及該種類的特徵、功能是緊密相關的。以養老保險金支付為例，養老保險金是勞動者退休後的養老生活保障，因此大多數國家都禁止將養老金帳戶金額一次性支付給領取者，而一般要求通過退休年金、分期支付等方式進行。在養老金退休給付方式上，拉美許多國家採用年金、定期給付、遞延年金三種給付方式。

4.1.3 社會保險基金的運行條件和平衡條件

1. 社會保險基金的運行條件

立足於社會保險制度體系而言，社會保險基金能否正常運行，取決於社會保險制度是否具有可持續性、社會保險基金管理模式的合理性與社會保險基金管理與監督的有效性；而立足於社會保險基金運行的外部環境而言，社會保險基金能否正常運行還取決於宏觀經濟環境、金融市場環境、財政環境以及人口法律環境等因素。

（1）穩健的經濟發展環境與完善的金融市場。

經濟發展水平制約社會保險制度的保障範圍和保障程度，經濟發展程度決定了人們對社會保險的需求程度，也決定了有關經濟主體是否有能力為社會保險制度提供資

金支持。經濟的健康發展，保證了人們在既定社會保險制度下良好的繳費能力，在一定程度上保證或者提高了社會保險制度的籌資能力。富有效率的經濟發展水平，意味著微觀經濟主體企業有良好的經濟效益和利潤水平，這也為社會保險基金投資於其准許投資的項目提供了投資利潤的來源。立足於更高的整合層面，建立與經濟發展水平相適應的社會保險制度，才有可能實現社會保險制度與經濟增長的相互促進。

完善且具有效率的金融市場是社會保險基金投資營運的重要前提條件，是社會保險基金保值增值的重要場所。金融市場的成熟度、金融機構監管系統的完善程度和風險控製能力也將制約和影響養老基金的發展。金融市場的成熟度決定了社會保險基金管理模式的選擇，決定了社會保險基金的投資範圍與具體的投資工具種類，決定了社會保險基金管理的監督模式選擇；金融市場的開放程度決定社會保險基金投資的資產質量與資產結構；金融市場的效率及其資源配置功能決定和影響社會保險基金管理的效率。完善的金融市場也是社會保險基金與金融市場互動的重要經濟條件，沒有一個完善的金融市場，難以實現社會保險基金與金融市場的互動，沒有規模巨大的社會保險基金在金融市場的參與，金融市場也難獲得長足的發展。

（2）可持續發展的社會保險制度。

社會保險制度是社會保險基金運行的制度載體。只有一個可持續性的社會保險制度，才能保證社會保險基金的籌資、投資與代內或代際間支付的連續性；只有一個具有可持續性的社會保險制度，才有可能形成對社會保險制度的可信任度和制度良性預期，進而形成社會保險基金穩健運行的制度基礎。只有一個體現公平與效率的社會保險制度，才能充分體現社會保險制度的保障性和內在激勵性，使社會公眾參加到社會保險制度體系中來，形成日漸強大的社會保險基金。

（3）有效的社會保險基金管理模式。

在健康的經濟發展環境和完善的金融市場條件下，具有良好制度基礎的社會保險基金要保證其良好運行，還應該選擇和社會保險制度相對應的有效的社會保險基金管理模式。目前，社會保險基金管理有多種模式，有強調政府集中管理的模式，如新加坡、馬來西亞等國的中央公積金；有強調按委託而建立的信託基金管理模式，如美國、日本；有按私營競爭性原則運作的基金管理模式，如智利。

（4）富有效率的社會保險基金投資營運與監督管理。

社會保險基金的投資營運與管理成為社會保險基金管理的核心內容，富有效率的社會保險基金投資營運，能夠充分保證社會保險基金的保值增值。在完全的現收現付財務制度中，在一定的條件下可以減少現行制度參與者的繳費率，進而增加制度參與者的可支配收入；在完全的基金制財務制度中，在繳費基礎相對穩定的條件下，較高的投資收益率可以形成制度參與者較高的退休金價值。因此，確定社會保險基金的投資範圍，運用現代投資組合技術與社會保險基金的投資組合策略，選擇有效的戰略性資產配置與戰術性資產配置技術，注重資產負債管理與整合風險管理技術的運用，是社會保險基金投資營運的重要內容。

社會保險基金監管包括社會保險基金監管模式選擇、社會保險基金投資營運的各項規則的建立與完善、投資營運機構的認定、投資營運與行政管理的各類制度準則、

信息披露制度的建立與完善、監管體制及其職能劃分等內容。

2. 社會保險基金的平衡條件

社會保險基金的籌資模式有現收現付制、基金制以及部分基金制三種模式，在技術機制上這三種運行模式各有不同，但都必須遵循其內在的平衡條件，即社會保險的各項資金來源應該與社會保險金的各項支出項目保持某種程度的平衡。社會保險基金的平衡既要重視短期平衡，也要充分關注其中長期平衡。

(1) 現收現付制養老保險基金的平衡條件。

現收現付養老保險基金的財務平衡機制是「以支定收，略有結餘」，完全現收現付制的養老保險基金的平衡條件可理解為「用繳費者當年保費收入支付退休者當年養老金給付」（即這一代人的繳費作為上一代人的養老金給付）。假定：

保險費(R_t) = 保費收入 ÷ 工資總額

基金平衡條件：

$$當年保費收入 = 當年養老金給付$$

$$工資替代率(B) = 養老金(P) ÷ 社會平均工資(E)$$

$$制度贍養率(D) = 退休人口(R) ÷ 在職人口(E)$$

$$R_t = \frac{養老金給付總額}{社會工資總額} = \frac{養老金(P) \times 退休人員(R)}{平均工資(W) \times 在職人口(E)} = \frac{P}{W} \times \frac{R}{E}$$

$$R_t = 工資替代率\left(\frac{P}{W}\right) \times 制度贍養率\left(\frac{R}{E}\right)$$

在現收現付制度中，養老保險基金保費收入取決於繳費率和工資總額，保費支出則取決於工資替代率和制度贍養率，工資替代率取決於養老金給付水平和社會平均工資狀況，制度贍養率取決於人口年齡結構和退休年齡。

因此，在現收現付養老基金中，要讓每一代人承擔的繳費水平和工資替代率水平基本相當，則要求制度贍養率相對穩定。而在人口老齡化背景下，制度贍養率會越來越高，要保證現收現付養老基金的收支平衡，或者是提高養老保險繳費率，或者是降低這一代人或下一代人的工資替代率（養老金給付水平）。而繳費率具有一個相對的上限，工資替代率（養老金給付水平）具有相對的剛性，這都對現收現付養老基金的收支平衡形成較大影響。

(2) 完全基金制養老基金的收支平衡條件。

完全基金制養老保險制度是代際內的自我贍養保障模式，其財務平衡機制體現為制度參與者保費及投資收益在退休時的終值等於未來養老金給付在退休時的現值。

假定雇員第一年有供款 cW（c 為費率，W 為起始工資），工資增長率為 g，基金收益率為 r，供款每年以 $1+g$ 的速度增長，基金累積以 $1+r$ 的速度複利增長，繳費年數為 n 年，領取年數為 m 年，給付率為 b，退休基金在 n 年末的累積值為未來 m 年給付額在 n 年年末的現值。

基金平衡條件：

$$cW[(1+r)^n + (1+g)(1+r)^{n-1} + \cdots + (1+g)^{n-1}(1+r)]$$

$$bW(1+g)^n \left[1 + \frac{1+g}{1+r} + \frac{(1+g)^2}{(1+r)^2} + \cdots + \frac{(1+g)^{m-1}}{(1+r)^{m-1}} \right]$$

退休基金在 n 年年末的累積值＝未來 m 年給付額在 n 年年末的現值，即：

$$cW[(1+r)^n + (1+g)(1+r)^{n-1} + \cdots + (1+g)^{n-1}(1+r)] =$$

$$bW(1+g)^n \left[1 + \frac{1+g}{1+r} + \frac{(1+g)^2}{(1+r)^2} + \cdots + \frac{(1+g)^{m-1}}{(1+r)^{m-1}} \right]$$

在工資增長率 g 等於基金收益率 r 時，所需的保費率 c 為：

$c = b \times m/n$

如果基金收益率 r 低於工資增長率 g，所需的保費率 c 為：

$c > b \times m/n$

可見，在完全基金制條件下，影響養老保險基金收支平衡的因素不僅有保費率、預期退休金水平和自我負擔率，還與基金收益率、退休年齡等因素相關。在養老金繳費一定的情況下，退休年齡延長，養老基金投資收益率越高，退休養老金的累積價值就會越大；反之，在未來退休金累積價值一定時，養老基金投資收益率越高，工作期間繳費時間越長，工作期間繳費率則相對較低。而在經濟現實中，由於經濟增長具有週期性，投資收益具有變動特徵，人均壽命總體上具有延長趨勢，完全基金制下的養老基金平衡是在一種動態條件中的不斷調整的動態過程。

4.2 社會保險基金管理概述

4.2.1 社會保險基金管理的內涵與外延

1. 社會保險基金管理的含義

社會保險基金管理是為實現社會保險的基本目標和制度的穩定運行，對社會保險基金的運行條件、管理模式、投資營運、監督管理進行全面規劃和系統管理的總稱，是社會保險基金制度安全運行的核心環節。

由於社會保險自身的特點，決定了社會保險基金管理是綜合的管理系統，它不僅包括作為長期和短期貨幣收支計劃的基金管理制度和方式，而且涉及經濟、社會、法律、人口尤其是財政、金融等諸多複雜領域。

2. 社會保險管理的基本內容

（1）社會保險基金管理的法律法規體系。

社會保險基金作為國家社會保險制度的重要經濟基礎，對其管理必須納入法制軌道。不同國家社會保險基金管理的法律不盡相同，大體分為兩種情況：一種是社會保障法或社會保險法中對基金管理的問題有專門的法律條文；另一種是依據專門的社會保險基金投資法或退休基金法規定，制定社會保險基金的收繳、投資營運、投資組合及監督條款。

(2) 社會保險基金管理模式選擇。

對於規模龐大的社會保險基金，通過什麼方式實施管理，是政府專門機構直接管理，還是委託有關金融服務機構實施分散化管理，或是通過私營化、市場化的方式進行管理，乃是社會保險基金管理的核心內容之一。不僅如此，如何根據各國自身的經濟、政治、社會、法律及人文條件，探索適合各國國情的社會保險基金管理模式更是基金管理的樞紐之點。目前，社會保險基金管理存在多種模式，有強調政府集中管理的模式，如新加坡；有強調委託代理而建立的信託基金管理模式，如美國；也有按直接私營競爭性原則運作的基金管理模式，如智利。多層次社會保險模式已成為各國在 21 世紀的目標模式，選擇不同類型的社會保險基金管理模式，強調對基本保險和補充保險進行分層管理，對於有效實施社會保險基金管理意義重大，也是國際社會保險基金管理的前沿及熱點課題。

(3) 社會保險基金的投資營運及風險管理。

隨著部分累積模式和多層次社會保險基金框架的確立並受到人們日益廣泛的關注，社會保險基金的投資營運及風險管理已成為基金管理的核心內容。如何在動態經濟條件下實現社會保險基金的安全營運、有效投資、保值增值及風險管理，成為多層次社會保險制度穩定運行的關鍵性約束條件之一。遵循社會保險基金投資的安全性、盈利性、流動性的原則，對社會保險基金投資營運進行有效管理，並按照現代投資組合理論與技術，實施資產負債管理、投資組合管理和風險管理，體現基金投資多樣化和分散化的投資理念，遵循投資項目期限匹配原則，在穩健有序的資本市場中，按照一定的投資組合規則，實現基金安全營運原則下的較高投資收益。

(4) 社會保險基金監管。

基金監管通常是國家授權專門機構依法對社會保險基金收繳、安全營運、投資活動及基金保值增值等過程進行嚴格監控。社會保險基金監管的主要內容包括：第一，建立和完善社會保險基金投資營運的各項規則，進行保險基金營運機構資格認定，制定各類監管準則；第二，通過具體的監管方式和監管手段，監督實施各類基金管理規則，實施對社會保險基金投資營運的有效監管；第三，通過立法監管、經濟監管、行政監管和其他多種監管方式的共同作用，乃是實現社會保險基金管理的規範、有序和穩健發展的重要制度保證。

(5) 社會保險基金管理內外部條件的協調。

社會保險基金管理是一個極為複雜的系統工程。它既同經濟發展、宏觀經濟運行乃至國際經濟運行密切相關，又同資本市場和金融市場、財政收支狀況、法律制度環境具有十分密切的內在關聯。不僅如此，社會保險基金管理的績效，又在很大程度上取決於社會成員對各項規則的自覺遵從意識，取決於信任和信用關係的基礎性制度環境的約束。在某種意義上，制度文化條件的約束對社會保險基金管理的可持續發展具有十分關鍵的意義。

(6) 社會保險基金管理與財政金融的互動效應。

社會保險基金的徵繳、保管、投資營運、保值增值以及基金監管的全過程，都在不同程度上與財政金融具有非常密切的聯繫和很強的互動效應。良好的社會保險基金

營運績效無疑會較大幅度減輕國家財政負擔，反之則會增大國家財政負擔。而社會保險基金購買國債的投資行為不但較大程度地影響財政發行國債的規模和吸收能力，又對社會保險基金的安全營運具有積極的影響。

社會保險基金與金融市場、資本市場的互動效應，是基金管理中非常重要的組成部分。社會保險基金介入資本市場的規模與結構，對完善資本市場發展具有重要促進作用。而資本市場的規範和有序發展，又是社會保險基金投資營運的基本約束條件，尤其對基金制和統帳結合的社會保險制度而言，金融市場的完善程度及其在未來的健康發展，更是至關重要的制度性約束。

4.2.2 社會保險基金管理的主要途徑

1. 財政集中型基金管理途徑

在一些歐美國家的社會保險制度構架中，採取財政集中型基金管理途徑來實施社會保險基金的管理，就是以建立社會保險預算或直接列入國家財政預算的方式管理社會保險基金。前者強調社會保險預算與政府總預算項目分離，作為專項預算，在政府預算中保持相對獨立性，不能直接動用社會保險基金彌補財政赤字。後者則將社會保險收支與政府預算融為一體，當社會保險基金收大於支時，政府可將其用於安排其他支出甚至用於彌補財政赤字；當社會保險基金收不抵支時，則通過財政預算款予以彌補。

2. 多元分散型基金管理途徑

多元分散型基金管理途徑是指社會保險專門機構委託銀行、信託、投資公司、基金管理公司等金融機構對社會保險基金在法律允許的範圍內進行信託投資，並規定最低投資收益率的基金管理途徑。

多元分散型或多元競爭型基金管理途徑具有較高效率、較高投資收益，同時具有投資方式種類、投資組合上的較大的靈活性。由於多元競爭的特點，在一定程度上分散了基金投資風險，增進了基金營運的透明度和投資績效，強化市場機制的作用，成為近年來世界上許多國家社會保險基金管理決策與改革的熱點問題，受到許多國家的重視。當然，也受到經濟環境、金融環境、法律法規的完善程度的制約。關於這類基金的管理途徑，金融市場的完善程度和規範的市場運作是其重要的約束條件。

3. 專門機構的集中基金管理途徑

專門機構基金管理途徑是指由相對獨立和集中的社會保險銀行、社會保險基金管理公司或基金會等專門機構負責社會保險基金的管理和投資營運。社會保險基金管理專門機構的董事會由財政、金融、勞動保障、工會、審計和社會保險機構等有關方面代表組成。通過嚴格規範、嚴格監控的方式，集中管理社會保險基金，負責實施基金投資營運，制定投資組合政策，實現基金保值增值目標。在東南亞國家的社會保險基金管理中，專門機構的集中管理途徑較為普遍。

4.2.3 社會保險基金的管理模式

1. 社會保險基金籌資模式

按照社會保險基金籌集的方式不同，以社會保險基金是否進行累積為標準，社會

保險基金管理模式有現收現付制和基金制之分，還有由這兩者混合而成的部分基金制。

（1）現收現付制。

現收現付制（Pay-as-you-go）是指通過「以支定收」，使社會保險收入與支出在年度內大體平衡的籌資模式。為避免過於頻繁地調整繳費水平、防止短期內可能出現的收支滑動，一般保留有小部分流動儲備金。在現實生活中，現收現付主要在社會統籌運行模式中採用。現收現付制運行的基本原理是：在長期穩定的人口結構下，由制度內生產性勞動人口負擔老年勞動人口的退休養老費用，而現有生產性勞動人口的退休費用，則由下一代生產性勞動人口負擔。因此，維繫機制運轉的基本約束條件是長期相對穩定的人口結構，勞動者代際間收入轉移與再分配是其經濟內涵。短期收支平衡是現收現付的基本特徵。

現收現付制的優點包括：①費率調整靈活，易於操作。②有助於實施保險金隨物價或收入波動而調整的指數調節機制。③通過收入調節與再分配，在一定程度有助於體現社會保險的共濟性與福利性。

現收現付制的局限性表現為：①在人口老齡化的背景下，生產性人口與退休人口的比例嚴重失調，在職勞動者的經濟負擔日益嚴重，現收現付社會保險的籌資模式難以為繼。②現收現付機制存在著某些不利於發展的因素。例如，過高的繳費比例會直接影響企業產品的競爭能力，進而影響經濟發展；現收現付機制對儲蓄和勞動力市場供求的消極影響，也會不同程度地影響經濟發展。

（2）基金完全累積制。

基金完全累積制是通過預提累積方式籌集保險基金及其投資收益，以便能夠支付確定水平的、未決社會保險金給付的貨幣現值。一方面，預提累積的繳費比例在一定的人口、經濟發展及其他因素基礎上進行精算估計確定，累積的基金數額構成保險金給付的基礎；另一方面，保險金給付數額最終取決於累積規模和投資收益。基金完全累積制強調勞動者個人不同生命週期的收入再分配，即將勞動者工作期間的部分收入轉移到退休期間使用。利率水平、穩定的金融市場是基金完全累積制運行的重要條件。

基金完全累積制的優點包括：①通過預提累積保險基金，有利於實現人口老齡化背景下對勞動者的經濟保障。②強調勞動者的自我保障，激勵機制強，透明度高。③有利於增加儲蓄和資金累積，促進資本市場的發展，進而對經濟發展具有重要推動作用。

基金完全累積制的局限性是：①對於長期性社會保險計劃，累積的保險基金容易受到通貨膨脹的影響，在動態經濟中，如何實現基金的保值增值，具有相當的難度。②社會保險基金容易受政府行為干預，如將基金用於彌補財政赤字。基金在金融市場上的投資存在較大的風險性，若管理不善，可能嚴重影響社會保險基金的支付能立。

（3）基金部分累積制（混合制）。

基金部分累積制，又稱混合制，是基金制與現收現付制的結合。這種模式根據兩方面收支平衡的原則確定社會保險費率，即當期籌集的社會保險基金一部分用於支付當期的社會保險金，另一部分留給以後若干期的社會保險金支出，在滿足一定時期（通常為5～10年）支出的前提下，留有一定的累積金。因此可以說，現收現付制是社會保險基金的短期平衡，基金制是長期平衡，而部分累積制則是中期平衡。部分基金制既不像現收

現付制那樣不留累積基金，也不像基金制那樣預留長期使用的基金，它的儲備基金規模比現收現付制的大，比基金制的小。這種模式兼具前兩種模式的特點。就養老保險而言，這種模式力圖在資金的橫向平衡（工作的一代與退休的一代）和縱向平衡（人口年輕階段與年老階段）之間尋求結合點。同時，由於預留了一部分累積資金，使現收現付制模式下未來可能遭遇的人口老齡化所帶來的沉重的支付壓力得以減輕；又由於累積的資金規模比基金制的小，使得通貨膨脹中基金貶值的風險得以降低。

實踐中，由現收現付制向基金制轉軌時，由於一次性填補過去現收現付制累積的債務非常困難，通常選擇保留一部分現收現付制，同時建立個人帳戶，這便是部分基金制。20世紀90年代，中國社會養老保險制度改革就採用了這一思路，現行基本養老保險制度就是據此思路設計的。

2. 社會保險基金給付模式

按照保險金給付的確定方式不同，社會保險基金待遇給付模式主要有確定給付制（Defined Benefit，DB）和確定繳費制（Defined Contribution，DC）兩種。還可以將這兩種模式結合起來形成一種混合模型，實踐中有目標給付型（Target Benefit）、現金平衡型（Cash Balance）和名義帳戶制（Notional Defined Contribution，NDC）等。確定給付制和確定繳費制及其混合模式主要用於養老保險基金的給付管理。

（1）確定給付型（DB）。

確定給付型根據雇員參加養老保險計劃的年數和工資收入水平預先確定其退休後的養老金水平，再通過精算方法確定其繳費水平。

確定給付制之中，養老保險基金的籌集模式可採用現收現付制，也可採用基金制，還可以採用部分基金制。但採用的籌資模式不同，其分配效果不同。在現收現付制之中，不論養老金給付如何規定，收入均由在職者群體向退休者群體分配，因而存在養老保險制度覆蓋範圍內的代際間再分配。如果以固定數額規定給付，則存在不同收入水平職工的同代人內部收入的再分配；如果以工資的同定比率給付，則存在不同工齡職工收入的再分配。在基金制之中，累積的養老金權益與累積的資產相對應，不存在代際之間的收入再分配，但如果採取不同的給付方式，則存在不同收入水平之間、不同年齡或不同工齡之間的收入再分配。在部分基金制之中的情況是上述兩者的結合。

與確定繳費制相比，確定給付制具有如下特點：

①以支定收。在確定給付制之中，養老金給付方案預先確定，養老保險費率隨後決定。養老金給付方案通常由規定給付公式來表現，其主要變量有工齡和某段時間的工資水平，如退休前若干年的平均工資或整個工作期間的平均工資。事實上，選定現收現付制的籌資模式，即選定了確定給付制為給付確定方式，因為以支定收是二者的共同基礎。

②收入關聯。確定給付制之中，勞動者的養老金待遇是以現實收入狀況為基礎確定的，與其退休前的實際收入直接相關，而與其在養老保險制度中繳費的數量只有間接的關係，因而養老保險待遇與工薪收入有某種關聯，但並非必然體現在數量上的絕對對等。由此可見，確定給付制著重強調勞動者需按收入的某種比率繳納養老保險費（或稅），至於待遇結構並非必然表現在數量上的對等。

③政府承擔風險。確定給付制之中，養老保險的基金管理者（即保險人或養老保險計劃的主辦者）因為預先承諾了給付水平而承擔風險，所以社會養老保險的基金風險由政府承擔。

④初始無基金。給付預定的養老保險計劃，在計劃建立之初是沒有基金的。通常養老保險計劃的主辦者根據工作年數承諾給付，對建立保險計劃時有一定工齡的雇員在過去的工作貢獻予以養老承諾，使不同年齡的雇員得到平等的對待。由於建立保險計劃前，雇員個人和雇主並沒有為養老保險基金繳費，承諾的給付從建立保險計劃起就形成淨債務，這需要由其他方面的基金補充或者在職人員分攤。

⑤精算定成本。確定給付制中，養老保險計劃預定的實際成本由保險計劃所承諾的給付水平、參保人員的死亡率、未來工資增長率、養老基金的投資收益、保險計劃的管理費用等決定，在保險計劃承諾的所有給付完成之前，保險計劃的成本是未知的，每年必須通過精算確定繳費水平。

⑥待遇調整靈活。確定給付制之中，一方面，由於養老金待遇與現收現付的年度平衡計劃密切關聯，養老金給付能夠隨物價漲幅和通貨膨脹態勢進行調整以保障勞動者的最低收入；另一方面，由於它與現實收入的關聯性，使得養老金待遇隨工資收入增加而提高，保險待遇水平體現經濟社會發展成果，即退休者享受經濟社會發展的成果。

（2）確定繳費型（DC）。

確定繳費制即先經過預測確定繳費水平，據以籌集養老保險基金，基金逐漸累積並獲得投資收益，雇員退休時，以其相應的繳費及投資收益在退休時的累積額為基礎發放養老金。經過預測而確定的繳費水平是一個相對穩定的繳費標準（費率），包括雇主和雇員的繳費標準，據此繳納的保險費進入養老保險基金。

從理論上講，確定繳費制的養老保險計劃可以採取個人帳戶和集體帳戶兩種形式。採用個人帳戶形式時，在每個帳戶下記錄著雇主為雇員的繳費、雇員自己的繳費、帳戶基金投資收益以及帳戶支出、管理費用和投資損失等。與銀行存款帳戶類似，個人帳戶的餘額表明個人已累積的可以在退休後領取養老金的總額，其所有權歸個人。採用集體帳戶時，不分別記錄個人的累積，雇主和雇員個人的繳費記入保險計劃的專項基金中，基金投資由代表雇員利益的團體監督，雇員個人的權利融入參加養老保險計劃的集體成員中。實踐中，確定繳費的養老保險計劃較多地是採用個人帳戶形式，個人帳戶使個人的繳費與累積的養老金權利相對應，容易被人們理解和接受，從而減少拒繳保費的可能性，以利於提高基金收繳率。因此，確定繳費制的養老保險計劃又稱為個人帳戶計劃。

雇員退休時，其個人帳戶的餘額是今後享受養老保險待遇的依據。基金管理者據此確定養老金給付額，即相當於購買一個一次性繳清保費的終身年金。當然在某些情況下也允許雇員按照規定將個人帳戶餘額一次性領取。

與確定給付制相比，確定繳費制有以下特點：

①給付與繳費和投資收益關聯。確定繳費制的養老保險計劃預先規定繳費水平，通常是以雇員工資的一定比率、固定數額或企業利潤的一定比率為每個雇員繳費，雇

員退休時能得到的是這些繳費及其投資收益的累積額。繳費越多,則得到的給付越高;繳費越少,則得到的給付越低。這種養老保險計劃不承諾最低給付水平。養老金給付水平除了與繳費多少相關外,顯然還與投資收益率的高低密切相關。投資收益率高,則給付水平高,投資收益率低,則給付水平低。

②機理簡單,透明度高,易被接受。確定繳費型的養老保險計劃採用個人帳戶方式,建立了繳費和享受待遇之間的直接聯繫,強調勞動者的自我累積和自我保障意識,體現了社會保險計劃的效率機制,有助於增強人們對社會保險制度的認同感,易被勞動者理解和接受。此外,個人帳戶餘額可以繼承和轉移,有利於勞動者的合理流動。

③生命週期收入再分配。確定繳費制建立了生命週期內的收入再分配機制,對於鼓勵勞動者合理安排其收入和消費是積極的,既可抑制超前消費,也可鼓勵勞動者對退休儲蓄提早做出安排,以減輕社會的經濟壓力。當然,在這種機制下,不同收入狀況的勞動者之間的收入再分配功能較弱,而且容易造成一些低收入階層難以通過個人帳戶累積得到的保險金來實現最低經濟保障的目標。此等情況,若無政府其他干預措施,則可能形成部分低收入者保障不足的問題。

④勞動者自擔風險。在確定繳費的養老保險計劃中,預先確定繳費水平,並以個人帳戶方式分配繳費及投資收益,個人帳戶的累積額是退休後養老金的基礎。因此,養老基金的投資風險由勞動者個人承擔。投資回報率低,將直接降低養老保險基金在退休時的累積額,從而降低退休後的待遇。

4.3　社會保險基金投資營運

4.3.1　社會保險基金投資原則

任何投資都要兼顧安全性、流動性和收益性的原則,只不過投資要求不同,三者的優先次序有所不同。社會保險基金的社會保障功能決定了其投資原則的排列順序是:安全性、收益性、流動性,即在保證基金安全的基礎上提高基金的收益率,保證其流動性需要。

1. 安全性原則

安全性是指收回投資本金及相關投資收益的保障程度,社會保險基金投資管理以安全性作為首要原則。相對於共同基金和商業保險基金而言,社會保險基金投資對其安全性的要求更高。由於大多數國家的養老保險制度一般採用多層次的制度模式,在基於養老保險基金投資安全性的前提下,不同層次的養老保險制度對安全性的要求又呈現層次性的特徵。

2. 收益性原則

社會保險基金投資的收益性原則是指在符合安全性原則的前提下,社會保險基金投資能夠取得適當的收益。從一定意義上講,這是社會保險基金投資最直接的目的。社會保險基金投資收益的大小直接影響社會保險基金的財務平衡,也影響到投保人繳

費的高低，如智利養老基金的繳費率較低，其費率為繳費工資的 10%，在一定程度上與智利養老基金投資的高收益相關。在養老金累積價值一定和其他變量相對固定的情況下，養老基金投資的收益率越高，投保人所繳納的費率則相應較低。在社會保險基金投資過程中，一些國家還規定最低收益率，較多國家規定養老基金投資收益不得低於一個以指數確定的基數，甚至還規定建立投資收益波動準備金，或者建立投資收益擔保制度等（見表 4.1）。

表 4.1　　　　　　　　拉美國家投資收益與最低養老保證情況

	絕對收入保證	相對收益保證	給付支出保證	最低保證養老金
阿根廷	√	√	√	
玻利維亞				
哥倫比亞		√		√
智利		√	√	√
哥斯達黎加				
多米尼加共和國		√		√
薩爾瓦多		√		
墨西哥				
尼加拉瓜		√		√
秘魯		√	√	
烏拉圭	√			

資料來源：林義. 社會保險基金管理 [M]. 2 版. 北京：中國勞動社會保障出版社，2007：78.

3. 流動性原則

社會保險基金投資的流動性是指投資資產在不發生損失的條件下可以隨時變現以滿足支付社會保險待遇的需要。社會保險基金中，不同性質的投資對流動性的要求不同，完全累積的養老金投資對流動性的要求相對較低，對於每個委託人而言，由於基金在到期（退休）前不能提取，因此不具有流動性，可以投資於與期限相匹配的長期投資工具以獲得較高收益；在到期後，如果個人選擇按月定期支取，那麼仍會有一個相對穩定的餘額可以投資於長期金融工具。對於基金公司所管理的整個基金而言，在保證支付的流動性需要的基礎上，也會有一個相對穩定的餘額可以進行長期投資。流動性與收益率之間也具有替換關係，投資於流動性差的投資工具，可以獲得更高的收益率。而以現收現付為主要特徵並滿足於年度支付的基本養老金對養老基金投資的流動性要求較高，因此一般其投資大都選擇短期金融工具，如選擇短期國債、銀行存款、高信用級別的企業債券或商業票據等。

4.3.2　社會保險基金投資工具與投資決策

1. 社會保險基金可選擇的投資工具

社會保險基金可選擇的投資工具可以分為兩類：金融工具和實物工具。

(1) 金融工具。

金融工具可以從收益特點、期限等多種角度進行分類。社會保險基金投資的傳統金融工具包括銀行存款、政府債券、企業債券、貸款合同、公司股票等。各種創新的金融工具包括以資產為基礎發行的證券（Asset-backed Securities）、衍生證券等。

銀行存款具有較高的安全性，但收益率較低，並且存款期限較短。在社會保險基金剛剛進入資本市場時一般占較大比重，隨著投資工具選擇的多樣化，比重會大大降低，用來作為短期投資工具，以滿足流動性需要。

中央政府發行的國債沒有違約風險，安全性最高，因而是養老金的重要投資工具。但其投資收益率較低，因而在不同國家的養老金投資組合有所不同。

企業債券有違約風險，因而收益率高於國債，但風險低於股票，也是養老金的重要投資工具，特別是實力雄厚、信譽卓著的大公司發行的債券，在社會保險基金的投資組合中占重要地位。企業的資信程度不同，企業債券也具有不同的風險等級，各國政府通常對社會保險基金投資的企業債券等級有所限制，以防止過高的投資風險。

貸款合同通常是住房抵押貸款及基礎設施貸款（以銀團貸款的形式參與大型基礎設施的項目融資），風險較小，收益穩定。在有些國家，社會保險基金投資於政府的住房計劃，往往還要政府做擔保。基礎設施的項目融資一般有項目建成後的收益現金流及政府稅收擔保，因而風險也較小。

股票作為股權投資工具，其風險高於固定收益證券，因而也具有更高的收益率。為了保證社會保險基金的收益率，多數國家都允許社會保險基金投資於股票市場，但有些國家限制其投資比例。股票投資的收益來自於股票買賣的價差和持股期間的股息收入。

證券投資基金是由專門的投資機構發行基金單位、匯集投資者資金、由基金管理人管理從事股票或債券等金融工具投資的間接投資制度。證券投資基金最大的優勢在於專家理財、組合投資、規避風險、流通性強等特徵。隨著世界各國信託投資業務的發展，國際資本流動的速度日益加快，證券投資基金已經成為社會保險基金投資的重要投資工具之一。

除了傳統的債務工具和股權工具以外，20世紀70年代以來的金融工具創新為社會保險基金投資提供了更廣泛的選擇，並且有些創新的金融工具本身就是根據養老基金的特點及其投資要求量身定做的。近年來，社會保險基金投資部分進入到可選擇性投資工具（Alternative Investment），包括風險投資（Venture Capital）、私募債券、對沖基金（Hedged Fund）、遠期（Forward）、期貨（Future）、期權（Option）、互換（Swap）等金融工具。1986—2001年，美國的養老基金投資於可選擇性投資工具的資產額度從1986年的100億美元提高到2,320億美元，歐洲2001年養老基金投資於可選擇性投資工具的資產額度為250億英鎊。

(2) 實物工具。

社會保險基金還可以投資於實物，包括房地產、基礎設施等。實物投資具有投資期限長、流動性差的特點，但能在一定程度上防範通貨膨脹風險，因此是社會保險基金可以選擇的投資工具。其中，房地產市場受經濟週期波動影響有較大的風險，並且

由於較強的專業性，所以投資的管理成本較高。有些國家對房地產投資在社會保險基金投資中的比重有嚴格限制。基礎設施投資則更多的是以貸款的形式實現。

雖然各種投資工具具有一般的風險-收益特徵，但由於各國資本市場的差異，因而同種投資工具在不同國家之間的風險-收益特徵會有所區別。如圖 4.1 所示，經濟合作與發展組織（OECD）成員國的權益投資占的比重較高，但可選擇性投資工具投資比例則在各國有較大的差別。相對而言，貸款及住房貸款是具有較低收益率但風險也較低的投資工具。由於投資工具風險-收益特徵的國別差異，各國的社會保險基金需根據本國市場的具體情況進行投資選擇，不能盲目照搬。

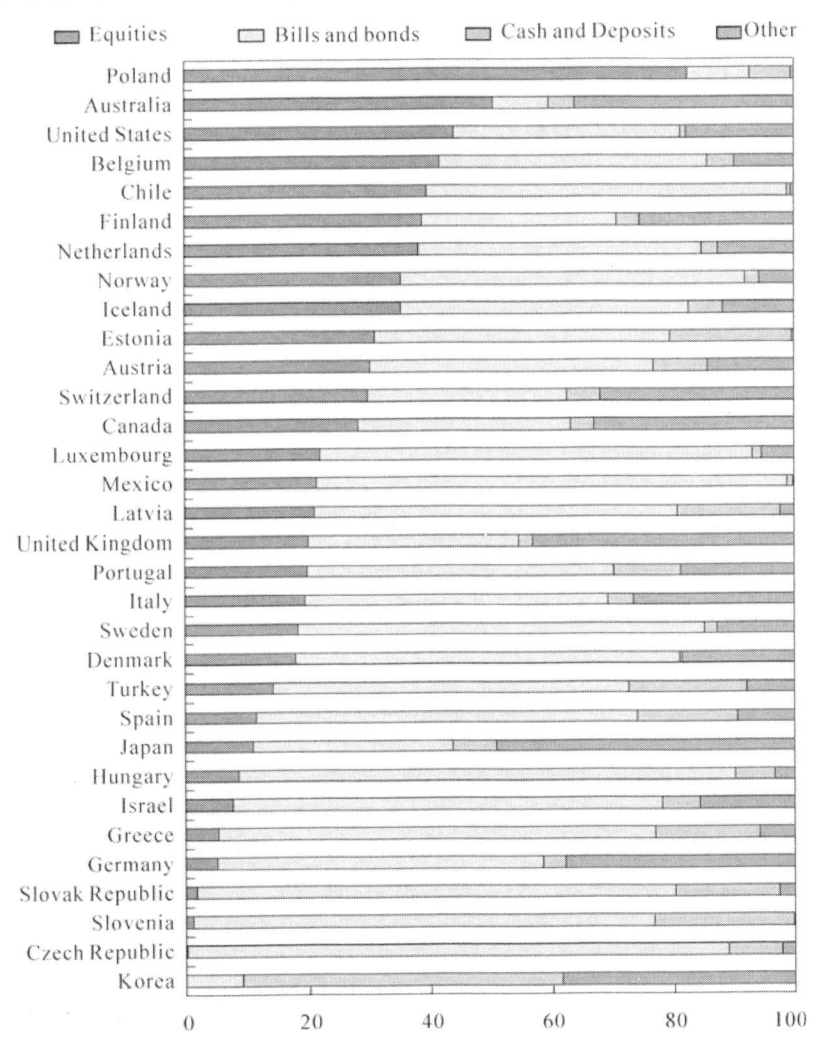

圖 4.1　2015 年 OECD 成員國養老基金資產配置情況（占總投資額的比重）

資料來源：OECD Global Pension Statistics 2016.

2. 社會保險基金投資決策

(1) 確定投資目標。

①風險目標。風險目標與社會保險基金風險承受力有關，風險承受力包括投資者承擔風險的意願和能力。影響社會保險基金風險承受力的因素包括三方面。第一，社會保險基金的類別。如果屬於基本養老保險範疇，風險承受能力就較低；如果屬於補充養老保險範疇，風險承受能力就相對較高。第二，社會保險基金的轉移和支付需求比例。如果社會保險基金規模遠遠超過轉移和支付需求，則社會保險基金風險承受力較強。第三，社會保險基金參保人的結構特徵。結構特下包括參保人的年齡構成、收入構成等情況。

②收益目標。收益目標以期望收益（即受益人希望達到的收益目標）來表示。期望收益不能脫離市場狀況的約束，並且要與風險目標相一致，即在給定風險的情況下追求收益的最大化。收益目標應表現為總收益的形式，即包含了投資的資本利得和利息（紅利）收入。

(2) 明確投資約束。投資約束包括流動性要求、投資期限、法律法規因素和相關特殊要求等。

(3) 制定投資政策和策略。一般包括撰寫投資政策書、確定投資策略（投資策略可分為被動投資策略、主動投資策略和半主動投資策略）。

(4) 資產配置。通常意義上，資產配置可以分為兩個層面，即戰略資產配置和戰術資產配置。戰略資產配置是對投資組合長期資產類別構成的決策，由社會保險基金決策主體完成；戰術資產配置是在戰略資產配置的基礎上，對各類資產比例進行的短期調整，也就是對市場時機的把握，這一職責應由投資管理人完成。

(5) 投資業績評估。社會保險基金需要定期進行投資業績評估以評判基金投資是否達到預期目標以及投資管理人的運作能力如何。業績評估包含三個層次的內容：一是業績衡量，即投資組合的收益率和風險的計算以及經過風險調整的收益率；二是業績分佈，即投資組合收益是由哪些因素造成的，包括資產配置效應（市場時機的把握）和證券選擇效應（每類資產中選擇價值低估證券的能力）；三是業績評價，即基於某個市場基準對投資管理人的業績進行判斷。

4.3.3　社會保險基金投資監督管理

社會保險基金投資監督管理原則一般分為數量限制性原則（Quantitative portfolio regulation，QPR）與謹慎人規則（Prudent person rule，PPR），由此形成社會保險基金投資監督管理的數量限制型監督模式和謹慎人監督管理模式。

1. 數量限制規則

實行數量限制性養老基金模式主要基於以下幾個原因：第一，缺乏基金管理的經驗，尤其是缺乏充分的風險評估模式，這就意味著養老基金要承擔過度的風險；第二，資本市場缺乏流動性和透明度；第三，脆弱的資本市場可能阻礙養老基金改革的可持續發展；第四，對養老基金總體風險的限制可以減少政府對養老基金擔保所引發的道德風險問題；第五，對於那些承擔巨額養老債務的國家來說，向基金制轉變的成本較

大，而要求養老基金投資於政策債券可以減少這一巨額成本。

數量限制監管模式的主要內容包括：第一，養老基金的投資品種和投資組合一般都是由監管者制定，通常包括規定養老基金可以投資的品種，限制養老基金進行股票、國外證券等高風險投資；第二，規定對每種金融產品的投資限額；第三，規定投資於單個企業或證券發行人發行證券的最高比例；第四，要求養老基金的投資管理人進行規範、詳盡的信息披露，有時甚至披露資產淨值。對養老基金的投資品種及其資產配置指標實行嚴格的數量限制，在一定程度上有助於規避養老基金投資的風險，較適合於那些金融體系發育程度較低、資本市場透明度較低、養老基金的發展歷史較短的國家。

2. 謹慎人原則

歷史上，謹慎人規則起初主要適用於英美法系國家，如英國、美國、澳大利亞、加拿大等。近年來許多非英美法系國家開始放鬆對養老基金的投資限制，逐漸引入謹慎人規則，如日本、義大利、智利等。2003 年，歐盟議會及理事會中《關於職業退休基金機構活動及其監管指導令（Directive 2003/41/EC）》要求成員國將謹慎人規則確定為養老金投資的基本原則。

謹慎人規則起源於信託法。在信託法中，謹慎人規則是指受託人必須以一個擁有相同能力的謹慎之人在經營一個相似性質和目的的企業所應運用的注意、技能、謹慎及勤勉履行其義務。謹慎人規則在本質上是一個行為導向規則（Behaviorally-oriented），其主要關注受託人如何勤勉地履行所負的義務。謹慎主要通過投資管理人投資決策和管理風險的程序來體現，而非通過界定某項具體的投資和風險本身為不謹慎來體現。只要是通過一個完善的程序進行投資決策，即使是最為激進和非傳統類別的投資也可能符合謹慎的要求。謹慎人規則一般包括管理人的注意和技能標準、分散化原則、忠實義務、委託的規則等。

4.4 社會保險基金監管

4.4.1 社會保險基金監管的內涵

社會保險基金監管是國家授權專門機構依法對社會保險其餘收繳、安全營運、基金保值增值等過程進行監督管理，以確保社會保險基金正常穩定運行的制度和規則體系的總稱。社會保險基金監管體系的主要內容包括，對社會保險基金營運機構的選擇與確定，制定各項監管規則，設計社會保險基金投資營運的指標體系，建構社會保險基金監管的策略框架，實施社會保險基金的現場監管與非現場監管，建構社會保險基金營運的安全保護機制等，確保社會保險基金的長期穩定運行和實現社會政策目標。

4.4.2 社會保險基金監管模式選擇

社會保險基金監管的有效性在很大程度上取決於基金監管模式的選擇。尤其是當

分析的視角不是僅僅局限在運行機制和技術層面，而是立足於各國具體的經濟、政治、社會和文化等制度環境，必然會把社會保險基金監管模式選擇置於重要的地位。長期以來，社會保險基金監管均是置於政府機構的直接控制之下，或由政府嚴格規範，委託專門機構實施監管。近年來，隨著經濟自由化、貿易自由化、金融保險自由化的呼聲日益增大，隨著社會保險部分基金制或完全基金制模式受到普遍重視以及私營分散化管理，強調基金營運機構競爭的市場化管理模式成為引人注目的國際潮流，政府的集中監管模式受到較為激烈的批評。目前，以智利為代表的拉美國家，以波蘭為代表的東歐國家，在社會保險基金的私營化分散性管理模式以及基金投資營運績效、投資風險控製等方面累積了重要的經驗，對中國的社會保險基金監管體系的構建具有一定的借鑑意義。

然而，對選擇何種基金管理模式，則應考慮中國的具體情況。在當前，通過私營競爭性養老保險基金管理公司實施第二層次、第三層次保險計劃已成為拉美和東歐國家社會保障改革的一個中心議題，成為美國當前社會保險改革大辯論的焦點之一。顯然，基金管理模式的選擇絕非技術機制的簡單移植，也沒有捷徑可走。中國應選擇相對集中、有較高社會公眾信用基礎並相對獨立的社會保障銀行。作為社會保險基金管理的基金模式，應強調管理的相對集中性和有限競爭性原則，強調法規管理和對管理者監控相結合的管理方式。

4.4.3 社會保險基金營運機構資格審定

無論是採取由專門機構如社會保障基金理事會的方式構建相對集中的營運機構，還是構建分散的、適度的、競爭的養老保險基金管理公司，抑或委託現有金融機構、保險機構實行社會保險基金的投資營運，都必須高度重視對營運機構的審批程序和資格審查。一般而言，社會保險基金管理機構只負責社會保險基金的收繳、基金帳目的保管、會計事務的處理、基金收益的年度調整及信息披露等日常管理活動。而由外部投資經理負責投資營運時，對基金營運機構的監管主要通過對公司帳目、財務報告的定期審查來實現對其日常經營活動的監管。

應當強調，對基金營運管理機構的監管，除了制定各類規則和注重投資經營過程的監管外，對高級管理者的選拔任用和實際監管具有十分關鍵的意義；否則，各類監管規則的實施效果必然大打折扣。因而，加快專門管理人才的培養，是實現社會保險基金有效監管的重大決策取向，應當引起決策部門的高度關注。

4.4.4 社會保險基金監管體系建立

1. 建立健全社會保險基金監管的法律體系

社會保險基金的收繳、保管、投資營運及保險金的給付都必須納入法律監管體系。社會保險基金的徵繳、運作和有效監管是社會保險基金監管制度建構的關鍵性環節，必須從立法角度予以保障，嚴格規範企業、個人的費用徵繳。政府專門機構對基金的保管、調撥、投資營運、監控過程、風險控制及保護機制建構等通過政府立法和各項法律制度的完善予以明確定位。

2. 構建社會保險基金的投資規則體系

實現社會保險基金有效監管的一個核心內容是構建基金投資規則體系。為實現社會保險基金投資的安全性、盈利性、適度選擇性、流動性原則，歐美國家和一些拉美國家制定了較為嚴格的基金投資組合規則。對歐美國家來說，實行謹慎人原則的養老保險基金投資的收益率一般高於實行嚴格投資限制的歐洲大陸國家，前者在股票投資方面限制較少。

值得注意的是，有關投資組合理論與實踐的最新發展顯示，社會保險基金投資組合限制正突破單純考慮收益與風險的單一投資組合，而向綜合投資組合方向發展，考慮不同年齡段職工的不同風險偏好，考慮收益性、安全性、流動性等綜合因素制定不同的投資組合及其限額，如年輕職工的高風險、高收益心理偏好和老職工低風險、高流動性需求，建立新的綜合性投資組合理念，或建立不同層次、不同類別的投資組合政策，為職工在選擇投資收益及風險防範等方面提供更大的發展空間。

3. 構建社會保險基金監管的規則體系

社會保險基金的有效監管需要建立健全的管理規律體系。這些規則包括控製規則、資產分散規則、外部保管規則、信息披露規則和安全保障規則等。歐美、拉美及東歐國家已在這方面累積了豐富的經驗，如制定資產分散規則、外部管理規則、投資組合規則、外部審計與精算規則、信息披露規則等。這些規則對於降低系統風險、代理風險和投資風險具有重要作用。

4. 發揮社會保險基金監督管理委員會的重要作用

國際經驗表明，社會保險基金監管委員會不僅在基金日常監管方面發揮著重要作用，而且在基金投資營運的重大投資決策、長期投資戰略方面發揮著重要決策諮詢和監管作用。在社會保險基金的穩健營運，避免投資決策的重大失誤，構築基金投資的風險防範體系統方面具有舉足輕重的作用。社會保險基金監管委員會由經濟、財政、金融、保險、審計、工會、工商界代表及專家組成，能夠對社會保險基金投資的長期策略、投資方向及投資組合限額、基金的安全營運及風險控製做出科學評價，對基金營運的決策失誤和風險補償機制構建等也發揮非常重要的作用。因而，構建和充分發揮社會保險基金監管委員會的重要作用，成為社會保險基金監管的重要內容之一。

5 養老保險

5.1 養老保險模式

從世界各國推行養老保險制度的實踐看,可以把養老保險分為四種模式:普遍保障模式、收入關聯模式、多層次模式、強制儲蓄模式。①

5.1.1 普遍保障的養老保險模式

普遍保障的養老保險模式是指國家為老年人提供均一水平的養老金,以保障其最低生活水平的養老保險計劃。這種模式強調的原則是:對不能依靠自身勞動滿足自己基本生活需要的老年居民普遍提供養老保障。北歐國家、英國及澳大利亞、新西蘭等國均採用此種養老保障模式。

普遍保障模式的特點:

1. 實施範圍廣

普遍保障的養老計劃覆蓋全體國民,甚於包括在本國僑居一定年限的外國居民,因而是一種人人皆養老的保障計劃。

2. 與個人收入狀況無關

無論是不是工薪勞動者,無論退休前工資多少,或者是否有穩定的職業和收入,均為其提供均一水平的養老金。具體給付方式主要有兩種:①絕對金額給付方式。例如,英國於1991年規定,無論男女老年人,一律按每人每周46.9英鎊的絕對金額給付。②按某一收入基數規定的一定比例支付普遍養老金方式。例如,在瑞典,普遍養老金的給付與領取者對社會的貢獻大小、以往的收入、家庭生活狀況以及投保時間均無關係,凡達到法定退休年齡,均可獲得相同數額的養老金。

3. 資金來源主要靠國家財政補貼

澳大利亞養老保險資金主要來自政府公共稅收,集中財力給最需資助的老年人,丹麥養老保險基金的90%由國家財政提供。可見,國家財政資助是普遍保障模式的資金來源。20世紀70年代以來,社會保障制度出現危機,普遍保障模式開始逐漸降低國家財政資助的比重,通過強調發展各類補充養老保險計劃來增大企業和個人對社會保險的責任。

實際上,普遍保障模式也僅僅提供最低生活需求,由於各種補充養老保險計劃作

---

① 林義. 社會保險 [M]. 3版. 北京:中國金融出版社,2010:117.

用的日益突出，普遍保障的養老保險模式已逐步向以普遍保障為核心的多層次養老保險模式過渡。

5.1.2 收入關聯的養老保險模式

收入關聯的養老保險模式是指通過社會保險機制為工薪勞動者建立的退休收入保險計劃。它強調繳費與收入、退休待遇相關聯，並建立在嚴格的保險運行機制基礎之上。

收入關聯的養老保險模式是世界上大多數國家實行的老年社會保險模式。收入關聯養老保險模式的基本特點如下：

1. 實施三方負擔的財務機制，是社會保險籌資方式的典型形式

養老保險通過企業、個人和國家三方負擔社會保險費用，是自世界第一個養老保險制度在德國建立以來，社會保險制度一直遵循的一個基本原則。按照社會保險法律，企業和個人必須按工資或收入的一定比例繳納養老保險費，從參加保險計劃之日起，繳納養老保險費就與收入相關聯。政府也應負擔一定的養老保險費用，具體出資方式和水平，各國有不同規定。

2. 實行與收入關聯的給付機制

收入關聯養老保險制度的一個重要特徵，就是養老保險的給付水平與收入相關聯。保險金給付機制中最主要的部分是工資掛勾養老金，它以退休者在就業期間領取的最高工資或幾十年的平均工資作為計算基礎，將養老保險金與勞動者期間的勞動貢獻建立起某種關聯。不僅如此，收入關聯養老保險給付結構和水平的更為重要的制約因素是收入替代率。它是指勞動者領取的養老保險金佔退休前收入的比例，旨在表明養老金同勞動者退休前收入的某種關聯，反應勞動者領取的保險金在何種程度上體現了養老保險的保障目標。因此，勞動者退休前的平均工資、收入替代水平和投保期限共同構成收入關聯保險金的給付水平。20世紀70年代以來，由於通貨膨脹，各國都建立了保險金的指數調節機制，使保險金與物價波動、工資增長水平等建立起某種關聯，一方面使養老保險金隨在職勞動者平均工資的提高而提高，另一方面可防止保險金因通貨膨脹而貶值。

3. 具有較強的收入再分配特性

收入關聯養老保險模式在籌資方式、給付結構等方面都有別於普遍保障模式和強制儲蓄養老保險模式，呈現出較強的收入再分配特性，如繳費基數下限與上限的規定。給付結構中也有明顯的不同代際間、不同收入水平間的收入再分配特性。通過特定的技術機制，高收入階層向低收入階層進行某種程度的收入轉移，從而體現養老保險的社會政策目標。

4. 集中統一管理，社會化程度很高

作為在世界許多國家推行的養老保險制度，收入關聯模式在立法管理、行政管理、信息管理等方面都強調統一管理。它與收入、職業相關聯，大都經歷了工業化、城市化的發展過程。在不少發展中國家中，由於二元經濟的特定結構，收入關聯的養老保險成為在城鎮起主導地位的社會養老方式，發揮了重要的作用。

5.1.3 多層次的養老保險模式

多層次養老保險模式是國家根據不同的經濟保障目標，綜合運用各種養老保險形式而形成的老年經濟保障制度。多層次養老保險制度是第二次世界大戰後在一些工業化國家逐漸形成，並在20世紀80年代頗受重視的養老保險模式。多層次養老保險模式在發達國家引起重視，主要根源於福利國家的危機、各國日益增大的養老保險費用支出、養老保險與經濟發展的內在關聯性、人口老齡化的壓力及國家承擔過多責任的原有制度存在的種種弊端。在此意義上，第二層次、第三層次的養老保險計劃逐漸被納入國家總體養老保險計劃之中，並給予了廣泛的關注。對眾多發展中國家以及經濟轉軌國家而言，多層次養老保險模式對於解決當前面臨的養老保險制度危機具有重要的現實意義。

20世紀90年代以來，世界銀行、國際貨幣基金組織的專家在總結一些國家多層次養老保險模式經驗的基礎上，提出通過四個層次構建新的養老保險模式。

第一個層次：國家舉辦的、以強制儲蓄計劃為特徵的養老保險計劃。它強調和鼓勵勞動者的自我保障意識，在勞動期間為日後的退休經濟保障提供資金累積和準備，為處置勞動者面臨的長期不確定收入風險提供保險保障。

第二個層次：國家舉辦的以收入再分配為特徵的養老保險計劃。它強調社會公平原則，為那些無法通過自我累積，實現養老保險目標的低收入勞動者提供基本收入保障。同時，這一層次的保障有助於克服通貨膨脹風險和難以預測的收入波動風險，保障勞動者實現最低限度的退休經濟保障目標。

第三個層次：由企業建立的、國家予以稅收等各項政策優惠的補充養老保險計劃。它強調與就業相關聯和提供補充退休收入保障，作為國家基本養老保險計劃的補充，發揮日益重要的作用。

第四個層次：由勞動者個人和家庭建立的以自願儲蓄或其他方式建立的補充性退休收入保障計劃。不同於許多發達國家的情形，鼓勵發展這一保障層次的意義不只在於提供補充收入保障，而更在於它能彌補國家舉辦養老保險計劃之不足，為一定規模的人群體提供某種程度的退休收入保障。

5.1.4 強制儲蓄的養老保險模式

強制儲蓄的養老保險模式是指通過建立個人退休帳戶的方式累積養老保險基金，當勞動者達到法定退休年齡時，將個人帳戶累積的基金、利息及其他投資收入、一次性或逐月發還本人作為養老保險金。國家通過有關社會保險法，規定個人、企業按收入的一定比例存入職工的個人退休帳戶，由專門機構負責基金管理和投資營運，因而它是一種強制儲蓄性養老保險模式。強制儲蓄的養老保險模式中，新加坡中央公積金制度和智利商業化管理的個人帳戶是其典型代表。

1. 新加坡模式的基本特點

新加坡的中央公積金制度是由政府實施的一項旨在保障和改善人民生活，促進社會安定，有利於經濟發展的強制性儲蓄制度。它建立於1955年7月，其初始目的在於解決

大企業工薪階層以外的絕大多數中小企業雇員的養老保障問題。新加坡的《中央公積金法》規定，任何一個雇員，每月必須按工資的一定比例上繳雇員公積金。2015年雇員的繳納費率為20%，雇主的繳納費率為17%。公積金全部存入中央公積金局，並記入雇員的個人帳戶之中。當雇員到55歲退休，或喪失工作能力以及死亡時，可連本帶息一次性提取。為保護會員利益，防止通貨膨脹影響，公積金利率將每年以市場利率為基礎進行調整，並規定比同期通貨膨脹率高2%左右，以保證公積金不貶值。

隨著經濟發展，中央公積金制度的功能逐漸從老年經濟保障的單一功能向多功能擴展。自1968年起，使用公積金實施的「居者有其屋」計劃取得了突出成就。20世紀70年代末期，公積金的使用範圍進一步擴大，它的功能開始擴展到以公積金養老、購房、用以支付醫療費、購買私人住宅、投資股票、為子女支付高校費用等範圍。

新加坡模式的基本特點可簡述如下：

（1）強調勞動者的自我累積、自我保障意識。通過建立個人帳戶的方式使會員繳費與退休待遇之間具有十分密切的內在經濟聯繫，極大地增強了該模式的內在動力。在眾多工業化國家和發展中國家的養老保險制度面臨嚴重財務危機和對日趨嚴峻的老齡化挑戰一愁莫展時，新加坡模式卻顯耀出其旺盛的生命力。

（2）實行由勞動者個人、企業共同負擔養老保險費用的原則。根據經濟發展狀況，不斷調整繳費比例，避免了國家大包大攬格局和養老保險費用支出過度膨脹的弊端。

（3）以養老保險為龍頭，帶動其他經濟保障計劃的順利實現。新加坡模式在建立健全儲蓄養老計劃的同時，相繼建立起醫療保險計劃、投資教育計劃等各項經濟保障計劃，促進了各項社會政策目標的順利實現。

（4）政府以適當方式進行宏觀調控，確保公積金計劃順利實施。這種干預，不僅體現為制定有關法令法規，以確保計劃的強制性，還表現為對公積金局的管理實行正確引導；還表現為對公積金計劃長期穩定運行的利率機制進行調整，使公積金利率水平保持在6.5%左右，並能適當高於同期通貨膨脹率。此外，政府提供的稅收優惠承擔最後擔保作用，是該模式運行的重要條件。不同於其他國家的傳統養老保險制度，新加坡模式強調勞動者個人生命週期的收入再分配。通過強制儲蓄的方式，將勞動者青壯年時期的收入累積引導至退休後使用，但比較忽略勞動者之間及勞動者代際之間的收入再分配。這一特性有其積極的一面，尤其是人口老齡化背景下代際衝突日趨尖銳。當然，它在社會共濟方面存在缺陷，若無其他措施，則難以實現對低收入勞動者的基本經濟保障。

2. 智利模式的基本特點

所謂智利模式，其實是指智利實行的由個人繳費、個人所有、完全累積、私人機構營運的養老金私有化模式。它作為世界上有影響力的養老保險制度改革舉措，確實是對傳統社會保障制度的根本性變革，其典型性和代表性是毋庸置疑的。智利模式的基本內容，是以個人資本為基礎，實行完全的個人帳戶制（包括基本個人帳戶和補充個人帳戶，前者是指個人要將其納稅收入的10%作為自己的養老金投入，後者則是指在前者基礎上為將來得到更多養老金而進行更多儲蓄所設立的補充個人帳戶），並由相互競爭的私人養老基金管理公司負責經營管理，保險費完全由個人繳納，雇主不需要承擔供款義務。當職

工達到法定退休年齡後，通過不同方式領取退休養老金，如購買年金保險或從個人帳戶上逐月支取。智利在養老金制度方面的改革，從根本上改變了傳統的養老社會保險模式，並且確實取得了令人矚目的一些成就，從而成為世界各國關注的對象。

智利模式的特點及成功之處可以簡要概括如下：

（1）智利模式強調勞動者自我累積、自我保障原則。建立起個人退休帳戶式養老保險制度，使勞動者個人繳費與其退休時領取的退休待遇建立起直接的聯繫，既有助於調動勞動者的生產積極性，增進養老保險制度的效率機制，又在一定程度上克服了傳統模式下國家企業大包大攬社會保障責任的弊端，從機制上制約了社會保險高福利發展的勢頭。

（2）體現了社會公平與效率相兼顧的原則。一方面通過個人退休帳戶強調激勵與效率機制，另一方通過國家補貼的方式幫助無法實現最低限度生活保障的勞動者獲得體現社會公平原則的最低養老保障待遇水平，改變了原有體制下多數人繳費而少數特權階層享受的嚴重社會不公平的弊端。通過獨特的方式較好地兼顧了社會公平與效率原則。

（3）智利模式高度重視強化養老保險基金管理，並從立法、運行機制及監控體系等方面確保基金的有效營運和保值增值。智利是世界上最先推行將社會保險計劃按私營或商業經營方式管理的國家。突出表現為：①專人專戶，一家公司負責一項基金計劃，以實現基金運行的簡化、透明，並強化監督管理作用；②將養老保險基金的營運納入法制化、規範化和制度化的軌道，通過規定最低準備金、年金基金資產的投資限額，並將相互競爭公司的投資營運限制在一定幅度內，以維持養老保險基金的總體平衡；③建立有效的監控體系和制定嚴格的投資規則，以確保基金營運的安全性和盈利性。智利自新模式運行以來，獲得了較高的投資收益，並保持了財務機制的穩定，而這恰恰是眾多發展中國家各類保險模式面臨的最難解決的問題。

（4）強調政府職責，確保養老保險目標的最終實現。智利模式的另一個成功經驗就是高度重視政府的干預與調節作用，具體表現在：①通過立法，規範指導商業經營性年金基金公司的運作；②由政府保證實現對低收入勞動者的最低限度保障及對公司營運的最後擔保；③政府干預幫助實現新舊模式的順利轉軌。需要指出，由傳統的現收現付向個人退休帳戶模式轉化，在任何國家都須妥善解決原有體制下未決責任的吸收消化和明確新模式的費用負擔這一高難度問題。智利率先通過發行認購退休債券的方式由政府承擔部分原有體制下的未決債務，使新舊模式的轉換成為可能。從而為其他國家提供了有益的經驗。

5.2　養老保險給付

5.2.1　養老保險給付結構

1. 養老保險給付結構的內涵

養老保險給付結構是指通過特定的技術機制、計算公式及法律規定確定的養老保

險給付方式和給付水平。對國家基本養老保險制度而言，養老保險金的給付結構直接受到養老保險模式的選擇、基本保障目標的確定以及若干經濟變量的影響。

2. 養老保險給付結構的內容

一般而言，養老保險給付結構涉及以下幾個基本內容：

（1）給付範圍與程度。養老保險給付範圍與程度是養老保險給付結構的基本內容。通常根據不同的養老保險模式與保障目標確定不同的給付範圍與給付程度。例如，在普遍保障的養老保險模式下，保險金的給付範圍包括全體國民，給付程度在於提供均一的低水平養老金，而與領取者實際收入無關。在收入關聯養老保險模式下，保險金給付範圍和程度直接取決於保險覆蓋面、勞動者收入水平、繳費期限等諸多因素，一般呈現與收入狀況的密切聯繫。

（2）收入再分配與效率因素。養老保險給付結構因體現收入再分配和效率機制的不同而有差異甚大的構造。養老保險制度強調不同收入者通過養老保險計劃，實現某種程度的收入再分配是不少國家養老保險給付結構的基本內容。它體現了社會公平原則，使勞動者能夠獲得基本收入保障。養老保險給付結構的另一個類型是更多地體現勞動者自我累積、自我保障的效率機制，強調養老保險的效率機制，促進經濟的較快發展。近年來，各國在構造養老保險給付結構時，注意體現公平與效率的結合，即通過社會平均養老金和工資掛勾養老金的不同組合形式，兼顧不同的政策目標。

（3）給付公式設計。養老保險給付結構一般是通過特定的養老保險金計算公式直觀地表現出來。養老保險給付公式的設計，涉及收入狀況、收入替代率、就業期限、繳費期限、基金累積與投資營運等因素。養老保險給付公式可歸結為三種類型：一是強調收入再分配的收入關聯型給付公式，二是強調效率機制的個人帳戶型給付公式，三是兼容型給付公式。

收入關聯型給付公式的設計一般包括勞動者收入水平、就業期限、繳費年限收入替代率及調節系數等基本要素，側重體現收入關聯和收入再分配特徵，是勞動者根據其退休前平均收入水平和實際繳費年限計算基本養老金。這一類型給付公式的設計強調不同收入水平、就業期限與收入替代率的直接關聯。

個人帳戶型給付公式設計一般包括個人帳戶累積的數額和基金的投資收益水平，計算過程較為簡單，具有較高的透明度，容易獲得社會公眾的理解。以個人帳戶儲存及累積形式表現的保險金給付公式強調繳費與待遇的某種直接關聯，強調基金投資營運的重要作用，而較少體現收入再分配的特徵。

兼容型給付公式設計一般包括兩大基本部分，即體現收入再分配特性的社會性養老金與體現收入直接或間接關聯的保險金。前者不論勞動者收入狀況、繳費多少均獲得均一水平的社會性養老金；後者則可以通過收入關聯養老金給付機制，或通過個人帳戶累積的給付機制，為勞動者提供體現某種差異的養老保險給付水平。兼容型給付公式無疑是一種較為理想的給付公式，但在具體運行中較為複雜，有相當大的難度。

5.2.2 養老保險給付項目

養老保險待遇主要是退休金，此外尚有醫療、生活補貼、死亡喪葬與撫恤等項目。

不同層次的養老保險在待遇給付上有所差別。基本養老保險層次的待遇給付主要是為了維持被保險人的基本生活需要。因此很多國家的基本養老金都是採用絕對金額方式確定給付標準的，與勞動者在職期間的工資收入無直接聯繫。凡條件相同者，退休後均按相同絕對額計付養老金，標準由政府統一制定，不同經濟發展水平的地區可以有一定的差別。

補充養老保險層次的待遇給付主要是為了體現勞動者個人在投保期間對保險基金的貢獻，因此均與勞動者在職期間的工資收入掛勾，以此確定給付標準。關於工資基數的確定有四種做法：一是以在職最後一年工資收入為計發基數，計發百分比隨工齡增長；二是以退休前若干年中連續收入最高的 3~5 年的平均工資收入為基數，計發百分比隨工齡或繳費年限的提高增加；三是以全部在職期間平均工資收入為基數，計發百分比隨繳費年限增加；四是規定工資基數上限和下限，在此之間，按計發百分比累退方式確定，即收入基數越高，計發百分比越低，反之則越高。

個人儲蓄型養老保障也可以稱為公積金式的養老保險，一般均實行強制性的個人養老金帳戶方式，以勞動者全部在業期間儲蓄的本息之和為計發基數，按照退休勞動者平均餘命逐年計發，也可以實行一次性給付。

5.2.3　養老保險給付資格的確定

養老保險待遇給付的資格條件上，有退休年齡以及繳納保險費年限和數額等幾個方面的規定。

1. 年齡條件

正確確定退休年齡可以保證勞動者在年老而喪失工作能力時及時退出勞動市場，同時能夠得到及時、有效的基本生活保障；退休年齡的規定還直接影響勞動力市場的規模、數量與質量。如果退休年齡規定得過低，可能迫使一部分尚有勞動能力者過早退出勞動領域，從而失去大批有豐富經驗的勞動者，同時又要為這些並非真正年老喪失勞動能力的人提供保險費用，從而增加了社會負擔；如果退休年齡規定得過高，將有可能使相當數量的勞動者在喪失勞動能力後仍不得不參加社會經濟活動，還會影響到新成長勞動力的就業，不利於勞動隊伍的正常更替。

退休年齡的確定要考慮多個方面的因素：

第一，人口的平均預期壽命。平均壽命長者，退休年齡較晚；反之亦然。

第二，經濟活動人口的老齡化程度，即在一個國家，40~59 歲的經濟活動人口佔總經濟活動人口（16~59 歲）的比例，凡經濟活動人口老齡化程度提高者，勞動力資源供應趨於緊張，因此退休年齡相對推遲；反之則可提早。

第三，勞動適齡人口的就業率。就業率較高者，表明勞動力供求關係平穩，就業崗位較充裕，甚至求大於供，退休年齡相對較晚；反之則相對較早。

第四，勞動者平均受教育年限。平均受教育年限的延長是社會發展的普遍規律。由於在教育上的投資增加，成本上升，因此就業年限會有所延長，退休年齡相對延遲。

第五，社會勞動生產率的變化。當其他條件不變時，勞動生產率的提高會使退休保險得到比較充足的經費來源，退休年齡提前。

第六，職業的性質。不同職業對人的身體健康影響和要求會有較大區別，由此在某些特定的職業或勞動環境下，就業的勞動者的退休年齡應有特別規定，實行彈性退休制度。例如，從事井下、高溫、高空、特別繁重體力勞動及其他危害身體健康工作的勞動者，可以提前 3~5 年退休，而某些具有特別經驗且職業特別需要這種經驗的勞動者（如技術型勞動者）可適當推遲退休。

從發展變化趨勢來看，世界各國的法定退休年齡變化趨向於延遲。這是因為，最近幾十年來，世界人口平均壽命大大延長，人口出生率趨於降低，人口老齡化日益嚴重，經濟活動人口比例下降，勞動起始年齡上升。例如，日本在 20 世紀初建立退休保險時，人口平均壽命為 50 歲；而到了 20 世紀 80 年代中期，日本已經成為發達國家中的長壽國，平均壽命達到 75 歲，因此退休年齡也相應推遲。

2. 工齡或繳費年限條件

退休工齡或個人繳費年限的確定，直接體現著勞動者權利與義務的對應關係。退休年齡只是決定退休保險待遇的一般條件，而退休工齡或繳費年限才是決定該種待遇高低的主要條件。退休工齡或繳費年限的確定與養老保險的籌資模式有關。在現收現付模式下，退休工齡或繳費年限的標準取決於養老保險基金的整體負擔能力，負擔能力強者，工齡或繳費年限較低，反之則較高。基金累積模式下，因為必須要實行個人繳費及個人帳戶制度，所以退休工齡或繳費年限主要取決於退休勞動者平均壽命、工資增長率、費率等各種因素。

退休工齡或繳費年限的確定還要考慮保險金保障基本生活的程度，即養老金的工資替代率（養老金占在職勞動者平均工資收入的百分比）的高低。在每繳費一年給付的百分比不變時，替代率越高者，退休工齡或繳費年限的起點就越高；反之，則較低。

退休工齡或繳費年限確定的方式主要有四種：

（1）只對工齡（或累計工作年限）做出規定，符合起碼工齡者即可領受一基本數額，退休待遇隨工齡的增加而相應提高。

（2）只對繳納保險費的年限做出規定，符合起碼繳費年限者，即有資格領受一基本數額，在此基礎上，待遇隨繳費年限的增長而提高。

（3）同時對工齡和繳費年限做出規定，同時符合這兩個方面條件者才能領取全額養老保險金。

（4）無工齡或繳費年限規定，只要達到法定退休年齡，即可一次性或分期領取養老保險金。此方式僅見於實行公積金式的強制儲蓄養老保險制度。

5.2.4 養老保險金指數調節機制

由於老年社會保險的目的在於保障老年人的基本生活，同時分享社會經濟發展的成果，而社會經濟發展卻是動態的。經驗表明，在經濟發展過程中，通貨膨脹、物價上漲和收入波動是不可避免的，因此如何調整老年保險金，以便在動態的經濟環境中，保證老年人的實際生活水平不至於降低，就成為社會保險的一項重要任務。

自 20 世紀 70 年代以來，西方各工業化國家養老保險制度發展的一個重要特點是普遍建立起養老保險金各種調節機制，以克服通貨膨脹產生的不利影響。由於各國情況

有異，在選擇養老調節機制的基準時各國有著較大的差異，主要有四個：物價指數、工資指數、物價指數與工資指數的結合、生活費用指數。各國根據本國的國情和政策實施，分別選擇其中一基準，調整養老金的給付。

上述四種調整基準的各有優缺點，下面對此進行簡單分析。

1. 物價指數基準

實行養老年金與零售物價指數結合進行調整的好處是透明度高，比較直觀，容易被退休者接受。而且，從長遠看，零售物價指數增長幅度較小，不會因與其掛鈎過多地增加費用負擔；但是，在經濟轉型國家，物價增長幅度可能偏大，完全掛鈎後會導致養老保險費用在短期內猛然增加，造成沉重負擔。

2. 生活費用價格指數基準

實行養老年金與職工生活費用價格指數結合的好處是能夠真正保障退休人員的整體生活水平。但從各國的實踐經驗看，這個參數較高，與此掛鈎增加費用太多，負擔困難。尤其在中國目前的消費結構和消費水平發生較大變化的情況下，生活費用價格指數的增長幅度將會很大。

3. 社會平均工資增長指數基準

實行養老年金與社會平均工資增長指數結的好處是透明度高，增長指數相對穩定，比較規範。在正常情況下，它既包含了物價的增長因素，又有社會發展的成分，而且與經濟效益的增長同步，與在職職工的整體收入水平協調一致。但在一般情況下，社會平均工資的增長高於物價的增長，與其結合後養老保險費用會增加過快。

4. 物價指數與工資指數相結合基準

以物價指數與工資指數相結合作為調整養老金的基準，集中了物價指數基準與工資增長指數的優點，這種雙重調整機制使養老金受益者的利益獲得較好的保護。但這種相結合的調整基準，操作起來較為複雜，特別是在物價指數和工資指數變化較大的情況下，調整難以適應變化了的情況。

5.3　人口老齡化與養老保險

目前世界人口老齡化的進程不可逆轉，人口的老齡化意味著在職勞動者的增速低於退休勞動者的增速，它對國家的養老保險制度提出了巨大的挑戰。如何在人口老齡化程度加深的情況下，不僅保持經濟良好的發展勢頭，還要保障退休勞動者的生活權益，這對於世界上任何一個國家都是亟待解決的問題。

5.3.1　人口老齡化

1. 人口老齡化

人口老齡化是指一個國家或地區的人口年齡中，總人口中因年輕人口數量減少、年長人口數量增加而導致的老年人口比例相應增長的動態過程和現象。

（1）人口老齡化趨勢。

用於衡量人口老齡化程度的一系列指標，通常用到的有以下幾種：

第一，老年人口比例，也稱老年系數，指60歲或65歲及以上老年人口占總人口的百分比。在實際使用中，最為廣泛使用的指標是聯合國的劃分方法，以65歲及以上老年人口占總人口的比例在7%以上的為老年型人口。在發展中國家中，多採用60歲為老年人口的年齡起點，60歲及以上老年人口占總人口的比例在10%以上為老年型人口。

第二，人口年齡中位數。年齡中位數的上升或下降可以清楚地反應總人口中年齡較長的人口所占比例的變動情況，它是度量人口年齡結構的常用指標，也是衡量人口老齡化的基本指標之一。如果人口年齡中位數提高了，人口一般出現老齡化；反之則出現人口年輕化。按照《人口學方法與資料》的劃分方法，年齡中位數低於20歲為年輕型人口，在30歲以上是老年型人口，介於兩者之間是成年型人口。

第三，老少比，即老年人口與少兒人口數之比。在以60歲為老年人口年齡起點的情況下，老少比等於60歲及以上人口數除以0～14歲少兒人口數的值。老少比低於15%的人口為年輕型人口，高於30%的人口為老年型人口，介於兩者之間的是成年型人口。

第四，按65歲和65歲以上人口占總人口比例，再結合老少比、年齡中位數和少兒人口占總人口比例，對人口進行類型劃分，是最科學的分類方法。按照這種方法，少兒人口占總人口比例在30%以下，老年人口占總人口比例在10%及10%以上，老少比在30%以上以及年齡中位數在30歲以上的人口，被視為老年型人口，如表5.1所示。

表5.1　　　　　　　　　　老年型人口數據

65歲及以上人口占總人口的比例	0～14歲人口占總人口比例	老少比	年齡中位數
10%及以上	30%以下	30%以下	30歲以上

資料來源：侯文若.全球人口趨勢［M］.北京：世界知識出版社，1998：313.

目前，全世界60歲以上老年人口總數已達6億，有60多個國家的老年人口達到或超過人口總數的10%，相繼進入人口老齡化社會行列。按照60歲以上人口占總人口的7%計算，當前，全世界人口屬於老年型的國家大多數集中在發達地區，其中老齡化程度最高的是歐洲國家和日本。表5.2是2025年部分國家的老年人口比例。

表5.2　　　　　　　2025年部分國家的老年人口比例

國家	65歲及以上老年人口比例（%）
日本	23.8
盧森堡	22.5
英國	18.6
加拿大	16.7

資料來源：日本大學研究所1996年預測數據。

2. 人口老齡化與贍養比

人口老齡化已經成為全球性的人口發展趨勢。目前，世界上所有發達國家的人口年齡結構都已經轉變為老年型人口，許多發展中國家正在或即將轉變為老年型人口。贍養比（老年贍養比）是指100名勞動年齡人口供養的老年人口數量。計算公式為：

贍養比 = 老年人口數量 ÷ 勞動年齡人口 × 100%

贍養比的高低直接體現了老年人口與適齡的勞動年齡人口的相對比例，這意味著在總人口一定的情況下，平均一個勞動年齡人口所必須負擔的老年人口的數量。

人口進入老齡化的過程中，伴隨著人口預期壽命的增加和人口出生率的降低，贍養比會日益升高，從而給養老保險的財務平衡帶來壓力。按照國際標準，65歲及以上人口占總人口比例達到7%時社會進入老齡化階段；當比例達到14%時社會進入深度老齡化階段，老齡人口贍養比約為1：5，即5個適齡勞動人口負擔1個老年人口；當占比達到20%時，社會進入超度老齡化階段，此時贍養比可能為1：2，即2個適齡勞動人口負擔1個老年人。如表5.3所示。

表 5.3　　　　　　　　世界主要國家人口老齡化進度表　　　　　　單位：年

	進入老齡化（7%）	發展所需時間	深度老齡化（11%）	老年人口贍養比1：5	發展所需時間	超級老齡化（20%）
美國	1950	40	1990	1990	35	2025
英國	1950	25	1975	1970	35	2010
德國	1950	25	1975	1965	30	2005
法國	1950	40	1990	1970	15	2005
澳大利亞	1950	45	1995	1990	25	2020
加拿大	1950	45	1995	1990	20	2015
日本	1970	25	1995	1990	5	2000
中國	1995	25	2020	2020	15	2035
世界	1990	45	2035	2025	10	2045
發達國家	1950	40	1990	1990	20	2010
最不發達國家	2040	40	2080	2070	20	2100

資料來源：楊燕綏、閆俊、劉方濤．中國延稅型養老儲蓄政策的路徑選擇［J］．武漢金融，2012（8）：8-11．

從世界主要國家人口老齡化進度表可以看出，發達國家較早進入老齡化社會，大約在1950年，而中國是在20世紀末進入，大約晚了40年。但是從進入深度老齡化社會的時間看，發達國家所需時間為25~45年，而中國只需要25年就可以達到，這個時間與日本的時間相同，也就是說，大約在2020年，中國的老齡人口的贍養比會達到1：5。隨著老齡化程度的加深，中國將會在2035年進入超級老齡化社會，而這個發展時間（15年）將會短於發達國家由深度老齡化進入超級老齡化的普遍時間（15~35年），日本除外。

由於老齡化是不可逆轉的客觀趨勢，在不同老齡化程度的國家，贍養比的提高會給養老保險制度帶來巨大壓力。

5.3.2 中國人口老齡化及其特點

中國在 21 世紀初就進入了人口老齡化時代。中國現有的老齡人口已經超過 1.6 億，且每年以近 800 萬的速度增加。有關專家預計，到 2050 年，中國老齡人口將達到總人口的三分之一。目前中國的退休人口與勞動年齡人口的比例約為 19：100，到 2050 年則會高達 64：100。這意味著屆時每 100 個勞動力將必須供養 64 個退休人口。按照中國現行 60 歲的退休年齡計算，2013 年勞動力拐點凸顯，勞動年齡人口將達到峰值，隨後開始進入退休潮，屆時社會養老保障體系將面臨嚴峻的挑戰。

從表 5.4 可以看出，自 1999 年中國開始步入老齡化階段以來，中國人口老齡化程度不斷加深。根據國家統計局 2011 年 4 月 18 日發布的《2010 年第六次全國人口普查主要數據公報》，2010 年 11 月 1 日，65 歲及以上的人口占總人口的比重達到 8.87%，與 2000 年第五次全國人口普查相比，65 歲及以上人口的比重上升了 1.91%。可以看出，中國已經邁入了老齡化社會，老齡化程度不斷加深。

表 5.4　　中國 65 歲以上人口數占總人口的比重（2001—2010 年）

年份	總人口 （萬人）	65 歲及以上人口數 （萬人）	65 歲以上人口數比重 （%）
2001	127,627	9,062	7.1
2002	128,453	9,377	7.3
2003	129,227	9,692	7.5
2004	129,988	9,857	7.6
2005	130,756	10,055	7.7
2006	131,448	10,419	7.9
2007	132,129	10,636	8.1
2008	132,820	10,956	8.3
2009	133,450	11,307	8.5
2010	134,091	11,893	8.9

資料來源：中華人民共和國國家統計局. 中國統計年鑒［M］. 中國統計出版社，2011.

與其他國家相比，中國人口老齡化主要體現為以下幾個特點。

1. 老年人口規模巨大

2015 年，中國 60 歲以上人口升至 2.2 億人，占總人口比重為 16.1%，預計 2026 年將達到 3 億人，2037 年將超過 4 億人，2051 年達到最大值，之後會一直維持在 3 億人到 4 億人的規模。根據聯合國相關部門預測，21 世紀上半葉，中國一直是世界上老年人最多的國家，占世界老年人口總量的 1/9，21 世紀下半葉中國仍將是僅次於印度的第二老年人口大國。

2. 老齡化發展迅速

20世紀後期，為控制人口的急遽增長，國家推行控制人口規模的計劃生育政策，使得人口出生率迅速下降，加快了中國人口老齡化的進程。65歲及以上老年人口占總人口的比例從7%提高到14%，發達國家用了約50年的時間，而中國只需要25年就完成了這個過程，並且在今後一個很長的時期內都保持著很高的增長速度。

3. 人口老齡化的高齡特徵突出

中國80歲及以上的高齡老人占65歲及以上總體老年人口的比例將從1990年的12.2%增加到2020年的19.10%與2050年的34.6%。80歲及以上高齡老人比例以大約等於65歲及以上老年人口增長速度的兩倍超高速增長，達到1,300萬，占老年人口總數的12.25%。目前，老年人口中女性比男性多出464萬人，2049年將達到峰值，多出2,645萬人。21世紀下半葉，多出的女性老年人口基本穩定在1,700萬~1,900萬人，其中，50%~70%都是80歲及以上年齡段的高齡女性人口。

4. 人口老齡化的地區發展不平衡

中國人口的老齡化發展具有明顯的區域發展不平衡特徵，東部沿海經濟發達地區明顯快於中西部經濟欠發達地區。上海是最早進入人口老年型行列的，是在1979年；寧夏是最晚進入老年型行列的，是在2012年，兩者比較，時間跨度是33年。由於人口遷移的影響，中國農村老人的比例高於城鎮，相當一部分欠發達省區的老人比例高於全國平均水平。由於大量的農村勞動力流向城鎮，改變了城鄉人口的年齡結構，使得農村人口老齡化水平明顯高於城市。

5. 人口老齡化超前於現代化發展

中國的人口老齡化超前於現代化，呈現出未富先老的特徵。發達國家進入老齡社會時人均國內生產總值一般都在5,000~10,000美元，而中國目前應對人口老齡化的經濟實力還很薄弱。

5.3.3 人口老齡化對養老保險的挑戰

人口老齡化是人類社會發展到一定階段的產物。隨著經濟發展，人口出生率的下降和醫療水平的提高使得中國的人口老齡化速度加快。高齡老人比重大、撫養比例增大等問題都對中國現有的養老保險制度造成了衝擊。

1. 贍養比上升和制度供養人數增加造成籌資模式發生改變

人口老齡化的迅速發展帶來的直接後果就是老年人占總人口的比重在不斷攀升，也就是說在養老保險制度內領取養老保險金的人數開始不斷增加，而為養老保險制度繳費的人數增速變慢或者不變，甚至減少。這種模式對於現收現付制的養老保險制度模式來講最為突出。人口老齡化的加重，往往會造成養老保險基金入不敷出的局面。目前中國是社會統籌加個人帳戶相結合的部分累積模式，雖然人口老齡化的衝擊小於現收現付模式，但也同樣面臨了一定的收支風險。由於中國在改革前一直實行現收現付制模式，在制度轉換時形成了巨大的歷史隱性債務。因此，在人口老齡化的背景下，中國的養老保險制度面臨著舊債新帳的雙重壓力。

2. 預期壽命增加，制度給付年限延長

隨著社會經濟的發展，醫療水平不斷提高，人均壽命越來越長，這也意味著人均預期壽命的增加，人均領取養老金的年限也越來越長，需要給付的養老保險基金也越來越多。根據中國的養老金計發辦法，社會統籌部分需要從公共帳戶中支取，而個人帳戶中的累積額支付也必須由公共基金來承擔，因此領取養老金時間週期的延長將會對養老保險基金的收支平衡構成威脅，這是整體人口老齡化和老齡人口內部結構老化所帶來的必然結果。根據第六次全國人口普查詳細匯總資料計算，2010 年中國人均預期壽命達到 74.83 歲，比 10 年前增加了 3.43 歲。其中，在中國人口預期壽命不斷提高的過程中，女性的提高速度快於男性，並且兩者之差進一步擴大，這與其他國家平均預期壽命的變化規律一致。因此，人均預期壽命的提高，對於養老保險制度的償付能力是嚴峻的考驗。

3. 經濟的不斷發展造成養老費用的剛性增長

作為創造社會財富的勞動者有權利分享經濟社會發展成果。隨著經濟的發展，生活質量和生活水平有了不同程度的提高。同時，老年人在退休以後的生活質量和水平同樣也離不開養老金水平的提高。這就要求養老金水平必須與經濟發展和現實的生活水平同步。儘管這樣做保障了民眾的基本權益，但是制度內離退休費用攀升所導致的養老金標準的不斷提高也為養老保險基金的財務平衡帶來了一定的挑戰。

5.4　補充養老保險概述

5.4.1　補充養老保險的構成及其特徵

在歐美國家，許多已存在的企業補充養老保險計劃一般被稱為養老金計劃，在中國則被稱為企業年金。可以概括為三種基本形式，即以強調納費為特徵的繳費型補充養老金計劃（DC 型養老金計劃），以強調保險金待遇給付為特徵的給付型補充養老金計劃（DB 型養老金計劃），兩種計劃的混合型——混合養老金計劃（Hybrid Plan）。在具體實施中，這三類計劃存在較大程度的差異。

1. 繳費型補充養老金計劃

繳費型補充養老金計劃是通過企業建立養老保險帳戶的方式，由企業和職工（多數計劃僅指企業）定期按一定比例繳納保險費，職工退休時的補充養老保險金水平取決於資金累積規模及其投資收入，它側重於評價企業退休帳戶上的現有資金規模。

該計劃的基本特徵在於：①簡便易行，有較高的透明度。②繳費水平一般規定為企業職工收入的一定比例，並根據企業經營與收入狀況做適當調整。③企業與職工繳納的保險費均免於徵稅，投資收入予以減免稅優惠。④職工退休時可獲得一次性保險金給付或用於購買商業性年金保險。⑤企業職工承擔有關投資風險，企業在原則上不負擔超過定期繳費以外的保險金給付義務。⑥該計劃屬於完全基金型年金保險計劃。

2. 給付型補充養老金計劃

區別於繳費型補充養老金計劃，給付型補充養老金計劃側重於職工退休時將能領取的保險金給付水平。它一般決定於職工特定的收入水平和勞動就業年限兩個基本因素，如某一百分比的退休前收入水平與勞動年限之積，構成補充退休金的給付水準。

給付型補充養老金計劃的基本特徵在於：①這類計劃在實施中具有一定難度。②通過確定一定的收入替代率，以保障職工獲得補充性退休收入。③通常與社會保險計劃的保險金給付結構具有非常密切的聯繫，並往往根據社會保險金的給付水平確定補充保險金的給付水平。④保險基金的累積規模和水平將隨工資增長幅度進行調整。⑤企業承擔因無法預測的社會經濟變化引起的收入波動風險。

3. 混合型模式

在私營養老金發展的歷史上，當 DB 模式受到挑戰的時候，人們開始選擇了 DC 模式；當 DC 模式受到質疑的時候，人們開始結合這兩種模式，形成了混合型的養老金模式，即混合型養老計劃（Hybrid Plan）。混合型模式基本吸取了兩者的優點，讓雇主和雇員都能夠得到公平的對待，也體現了其風險分擔機制。因此，當人們在尋找一種能符合雇主和雇員兩方面需求的養老金計劃的時候，混合養老金的出現正好滿足了人們的要求，並且近些年來，參與混合型養老金計劃的人數越來越多，其所占比例在不斷增加（如表5.5所示）。

表5.5　　　　2010年世界混合養老金計劃所占比例情況（％）

國家	DC 計劃	DB 計劃	混合計劃
智利	100	0	0
捷克	100	0	0
希臘	100	0	0
斯洛伐克	100	0	0
丹麥	94.1	5.9	0
義大利	90	10	0
澳大利亞	89.4	10.6	0
墨西哥	84.1	15.9	0
新西蘭	73	27	0
土耳其	46.5	54	0
美國	39	61	0
韓國	17.6	82.4	0
冰島	9.9	25.3	64.8
葡萄牙	6.4	92.2	1.4
加拿大	3	92	5
芬蘭	0	100	0

表5.5(續)

國家	DC 計劃	DB 計劃	混合計劃
挪威	0	100	0
德國	0	100	0

5.4.2 補充養老保險的保障範圍

　　區別於社會保障制度較為廣泛的保障範圍，補充養老保險的覆蓋面由於種種因素較為狹窄。即便在社會保障制度十分完善的一些工業化國家，補充養老保險的保障面除瑞典、瑞士、法國等少數幾個國家達到80%～90%外，其餘國家均在50%以下。有些國家如奧地利、義大利的保障面在10%以下。補充養老金計劃保障面普遍狹窄的主要原因在於，這些國家社會保障制度的保障面較高，並且在戰後普遍實行高福利的社會政策，補充養老金計劃的發展受到不同程度的限制。不僅如此，補充養老金計劃的保障範圍主要指向大中型企業、新興發展產業及高薪階層的職工，而一般小企業、服務行業等收入較低者大都未在保障之列。

　　值得注意的是，20世紀80年代中期以來，一些工業化國家為尋求解決社會保障制度由來已久的危機，開始注重大力發展補充養老金計劃並將其視為抑制社會保障支出過度膨脹、擴展社會保障空間和應付日趨嚴重的老齡化挑戰的重要政策主張。在此背景下，補充養老保險的保障有了較大幅度的擴展。其中法國、瑞士的擴展程度在20%以上，荷蘭在9%以上。雖然美國的擴展程度僅占3%，但其各類補充養老金計劃的數量增長很快，在1975—1986年間增長了156%。瑞士於1985年率先推行多層次社會保障制度，強制實施企業補充養老金計劃（第二層次保障），使其作為國家老年保障總體計劃的重要組成部分。

5.4.3 補充養老保險金的給付結構

　　補充養老保險金的給付結構在很大程度上取決於實行何種類型的保險計劃。如前所述，繳費型補充養老金計劃的保險金給付水平最終受制於累積基金的規模和基金的投資收入。並且，它大多表現為一次性地購買商業年金保險或按一定的標準逐月支取。給付型補充養老金計劃的保險金給付則取決於兩個基本因素，即退休前職工的收入水平和就業年限。

　　給付型補充養老金計劃的保險金給付公式又區分為單位保險金給付公式和均一保險金給付公式。單位保險金給付的做法是職工退休前收入的一定百分比（如1%～1.5%）與就業年限的乘積；職工退休前收入的計算基數可以按就業期間的平均收入計算，亦可按退休前3～5年的平均收入計算。由於受工資、價格和通貨膨脹等因素的影響，以職工退休前平均收入為計算基數的較為普遍。均一保險金給付公式是指職工退休時可領取特定金額的補充養老保險金，如按職工退休的收入的20%～40%確定。只要職工達到最低10～15年（如美國）的服務年限，即可按此標準領取退休保險金，而不

論具體就業單位和服務類別。需要指出，無論採取何種給付方式，補充保險金的標準往往與社會保險的給付結構相聯繫，尤其是給付型補充養老金計劃，大都根據特定時期社會保險金的結付水平，調高或降低補充保險金的給付標準，提供一定程度的退休收入保障。

5.4.4 補充養老保險的財務機制

許多國家的經驗表明，補充養老金計劃的財務機制一般有兩種基本形式，即現收現付和各種類型的基金制。

1. 現收現付

現收現付是指出企業或工業行業實行的旨在實現短期財務收支平衡，並根據未來一定時期保險金給付及指數調節情況進行調整的財務收支計劃。

2. 基金制

基金制主要採取以下幾種方式：

（1）統籌基金制，即規定企業按統一費率提留或繳納保險基金，由有關機構統一調配和支付養老保險金。統籌基金制的作用在於保障中小企業的補充養老金計劃得以正常運行。

（2）全基金制，即規定預提累積的保險基金應足以支付未來特定水平的養老保險金給付，多見於以單一企業為基礎建立的保險計劃和典型的繳費型補充養老金計劃。

（3）部分基金制，即保險金的提留和累積旨在實現最低水平的補充保險金給付的目標。

（4）簿記準備金制，即在企業內部建立的一種特殊的年金基金形式，它是在企業財務收支平衡表上反應和提留的部分養老保險責任準備金。但實際上，累積的基金作為企業的一項重要投資收入來源，企業在職工退休時，將對職工提供一定程度的補充退休收入。一般情況下，保險計劃的部分負債準備金應參加保險市場的再保險計劃，這在德國是非常普及的較為特殊的年金基金形式。

3. 資金籌集

企業補充養老金計劃的經費來源主要由企業負擔，有些國家規定個人須繳納少量的保險費，費用負擔的比例視企業的實際情形而定。除企業經營狀況的好壞以外，決定補充養老金計劃資金累積規模的一個不容忽視的重要因素是稅收方面的優惠，即對企業和個人繳納的保險費（包括投資效益）予以減免稅。事實上，如果將企業繳納的保險費視為一筆延期稅收的話，無疑將極大地促進補充養老金計劃的發展；相反，則可能限制其健康發展。這已被許多國家發展補充養老金計劃的經驗所充分證明。此外，高度重視保險基金的投資，有效處置通貨膨脹對補充養老金計劃的不利影響，也是保證其財務穩定應考慮的重要因素。需要指出，補充養老金計劃財務機制絕非簡單意味著保險費的收繳與保險基金聚集，更重要的是如何實現有效的投資營運與管理以及有效地處置通貨膨脹風險，這是關係能否實現其保障目的的關鍵環節之一。因而，在構造補充養老金計劃時還應引起高度重視。

5.4.5 政府對補充養老保險的調節與干預

如同國家在社會保險及其他包括商業保險在內的各種保險計劃中扮演重要的角色一樣，在補充養老保險中，存在狹窄的保障面、各類計劃之間缺乏協調、巨額基金的投資及十分有限的通貨膨脹調節能力等問題，更需政府的調節與干預。

第一，政府在法令法規方面的重要作用。一般而言，補充養老保險在法令的強制性方面遠不及社會保險，在許多方面也與商業人壽保險公司不同。但通常卻是國家通過有關專門立法，決定採取強制性或自願性計劃，確定其所應達到的目標保障面，明確與社會保險計劃的關係，制定補充養老金計劃運行的基本規則、投資規則及管理規則等。20世紀70年代以來，歐美發達國家的補充養老金計劃處於活躍階段，政府在促進並規範這一計劃中發揮了重要作用。

第二，政府在財務運行機制方面的作用。補充養老保險的運行機制在很多方面類似於商業人壽保險公司，因而在這一領域政府對財務機制的干預顯得尤為重要，具體表現為對資產負債的監督管理，對預算平衡的技術監督，對資金投資營運的監督、指導和管理。強調政府干預的意義在於，一方面，保護職工的經濟利益，不致因該計劃資金的無效營運或企業倒閉受到影響。為達到此目的，有些國家還以立法形式保證最低退休收入或通過政府特殊保險計劃分散有關風險。另一方面，有助於監督企業合理地管理、營運補充養老金計劃，恰當地利用稅收優惠政策，實現而不是偏離既定目標。

第三，合理界定政府的責任。許多國家補充養老保險發展的經驗表明，稅收政策方面的優惠對刺激其發展具有特殊重要的意義。實際上，實行優惠稅收政策亦表明政府在補充養老金計劃中承擔的部分責任，因為這一舉措意味著財政收入在某種程度上有所減少。當然，對其實行稅收優惠的程度，取決於各種因素，尤其是協調發展社會保險與其他保障形式的關係以及各國社會保險提供保障程度和未來發展趨勢、補充養老保險能發揮作用的限度及發展潛力等。因此，稅收優惠政策是政府干預的重要表現。

第四，政府干預與處置通貨膨脹。如前所述，由於技術機制及其他方面的原因，如何抵禦通貨膨脹的影響，對補充養老金而言仍是一大難題。較好的形式可能是實行某種程度的政府干預，或者通過政府的影響力促使社會公眾瞭解通貨膨脹對補充養老金計劃的負效應及其影響程度，從而採取某些措施進行補貼；或者發行部分與指數關聯的債券，以適當減輕通貨膨脹的影響，達到某種程度的資金保值效應。對此，英國和加拿大推行的政府干預下的局部指數調節機制，已引起其他國家的廣泛重視。

5.5 中國養老保險制度

中國現行的城鎮養老保險制度分為企業職工養老保險制度和機關事業單位養老保險制度。其中企業職工養老保險制度經過多次調整後日趨成熟，而機關事業單位養老保險制度也進行了改革。農村養老保險制度和城鎮居民社會養老保險制度近些年開始施行，並統籌為城鄉居民基本養老保險制度，完成了對城鄉所有居民養老保險的全覆蓋。

5.5.1　中國城鎮企業職工養老保險制度

1. 發展歷程

1997年7月16日，國務院頒布了《關於建立統一的企業職工基本養老金保險制度的決定》（以下簡稱《決定》），這個文件的發布，標誌著中國現行的「社會統籌+個人帳戶」的養老保險模式的確立，從而是中國養老保險制度改革進程中的重要事件。《決定》做到了三個統一：一是統一了繳費的比例，二是統一了個人帳戶的規模，三是統一了基本養老保險的待遇標準。

2005年12月3日，國務院發布了《關於完善企業職工基本養老保險制度的決定》，對當前和今後建立起適合中國國情、實現可持續發展的基本養老保險制度進行了全面改革的規定。首先，在養老金計發辦法改革中，採取新人新辦法、老人老辦法、中人逐步過渡的方式。基礎性養老金享受比例與繳費年限掛鉤，計發基數也與本人歷年繳費工資掛鉤，使過去基礎退休金與繳費年限無關，實行統一享受比例和統一工資基數的平均主義有所改變。其次，個人帳戶養老金改變以往與退休年齡無關的政策，統一為1/120的支取比例的做法，根據退休年齡，按實際餘命計算，保證退休較晚的領取比例較高。通過這兩項調整，使基本養老保險的激勵約束機制得到增強，「多工作、多繳費、多得養老金」，權利與義務對應關係更加合理，並從機制上控製了提前退休和少報少繳養老保險費的問題。

2. 制度主要內容

目前，中國企業職工養老保險制度採取的是保障方式多層次、基金來源多渠道，社會統籌與個人帳戶相結合的統帳模式。

（1）覆蓋範圍。

覆蓋範圍主要包括各類城鎮企業、實行企業化管理的事業單位、民辦非企業單位（以下簡稱企業）和與之建立勞動關係的法定退休年齡內的勞動者（以下簡稱職工），法定退休年齡內的城鎮個體工商戶及其雇工，城鎮自由職業者、城鎮靈活就業人員（以下簡稱個體參保人員），法律、法規規定的其他單位和人員。

（2）基金籌集。

企業職工基本養老保險費由企業和職工共同繳納，個體參保人員的基本養老保險費由本人繳納。企業繳納基本養老保險費，把全部職工繳費工資總和作為繳費基數，繳費比例為20%，計入社會統籌帳戶，建立社會統籌基金。

職工個人繳納基本養老保險費，把個人上月工資作為繳費基數，繳費比例為8%。職工本人上月工資超過上一年度省在崗職工月平均工資300%的部分，不計入繳費基數。職工本人上月工資低於上一年度省在崗職工月平均工資60%的，按60%計算繳費基數。社會保險經辦機構按照國家質量技術監督部門發布的社會保障號碼（國家標準GB11643-89），為參加企業職工基本養老保險的職工和個體參保人員建立基本養老保險個人帳戶（以下簡稱個人帳戶）。個人帳戶儲存額按規定的記帳利率每年計算一次利息，所計利息並入個人帳戶儲存額。

(3) 待遇計發

基本養老保險待遇包括基本養老金、喪葬補助費、一次性撫恤金。

基本養老金中的基礎養老金、過渡性養老金、調節金由社會統籌基金支付；個人帳戶養老金由個人帳戶存儲額支付，個人帳戶存儲額不足支付的，在社會統籌基金中列支。

相關計算公式：

基本養老金＝基礎養老金＋個人帳戶養老金

基礎養老金＝（參保人員退休時上一年省在崗職工月平均工資＋本人指數化月平均繳費工資）÷2×累計繳費年限×1%

本人指數化月平均繳費工資＝參保人員退休時上一年省在崗職工月平均工資×本人平均繳費工資指數

個人帳戶養老金＝退休時個人帳戶儲存額÷本人退休年齡相對應的計發月數

註：累計繳費年限中包含視同繳費年限，下同。

5.5.2 機關事業單位養老保險制度

1. 發展歷程

1955年12月，國務院發布了《關於頒發國家機關工作人員退休、退職、病假期間待遇等暫行辦法和計算工作年限暫行規定的命令》（國秘字第245號），用來處理國家機關職工退休、退職、病假期間和計算工作年限等問題。1958年2月，國務院公布施行《關於工人、職員退休處理的暫行規定》，其範圍包括國營、公私合營企業、事業單位和國家機關、人民團體的工人、職員，內容包括退休年齡、工齡、退休待遇等。1996年12月，國務院辦公廳下發了《關於印發機關、事業單位工資制度改革三個實施辦法的通知》（國辦發〔1993〕185號），原人事部下發了《關於印發機關畢業單位工資制度改革實施中若干問題的規定的通知》，結合公務員制度和工資制度改革，對國家機關、事業單位職工的退休養老制度進行了較大的修改和調整。2008年2月，時任國務院總理的溫家寶主持召開國務院常務會議，研究部署事業單位工作人員養老保險制度改革試點工作，會議討論並原則通過了《事業單位工作人員養老保險制度改革試點方案》，確定在山西、上海、浙江、廣東、重慶5省市選項開展試點，與事業單位分類改革配套推進。2015年1月14日，國務院發布《關於機關事業單位工作人員養老保險制度改革的決定》規定，實行社會統籌與個人帳戶相結合的基本養老保險制度，改革基本養老金計發辦法，實現與企業職工基本養老保險制度並軌運行。

2. 主要內容

自20世紀90年代初開始，中國開始對機關、事業單位養老保險制度實行改革，經過十多年的探索和實踐，雖然仍處於試點階段，但仍累積了不少寶貴經驗，就制度本身達成了一些共識，其主要內容可以概括為以下幾個方面：

第一，制度模式。實行社會統籌加個人帳戶的統帳結合模式。

第二，覆蓋範圍。包括全部機關事業單位工作人員，事業單位包括財政補助、財政適當補助和自收自支三大類。

第三，資金來源。基本養老保險費由單位和個人共同承擔。其中，單位按工作人員工資總額的一定比例繳納（20%），個人按本人月工資總額的一定比例繳納（8%）。

第四，養老金計發辦法。《關於機關事業單位工作人員養老保險制度改革的決定》規定基本養老金由基礎養老金和個人帳戶養老金組成。退休時的基礎養老金月標準以當地上年度在崗職工月平均工資和本人指數化月平均繳費工資的平均值為基數，繳費每滿1年發給1%。個人帳戶養老金月標準為個人帳戶儲存額除以計發月數，計發月數根據本人退休時城鎮人口平均預期壽命、本人退休年齡、利息等因素確定。職業年金與基本養老保險制度同步建立，在優化保障體系結構的同時保持待遇水平總體不降低。

5.5.3 農村養老保險制度

中國在20世紀80年代就開始探索建立農村社會保障制度。隨著社會主義市場經濟的建立和計劃生育政策的實施，在當前工業化和城鎮化進程不斷加速的現實背景下，農村家庭養老模式面臨前所未有的挑戰，如農村剩餘勞動力不斷流出、家庭核心化、老年負擔系數不斷增大等。

1. 發展歷程

1992年，民政部頒發《縣級農村社會養老保險基本方案（試行）》（以下簡稱《基本方案》），標誌著中國農村社會養老保險制度（老農保）開始建立。確定了以縣為單位開展農村社會養老保險的方針。

2007年8月17日，勞動和社會保障部、民政部、審計署聯合頒布《關於做好農村社會養老保險和被徵地農民社會保障工作重要問題的通知》，要求各地方積極推進新型農村社會養老保險試點工作，選擇在一些城鎮化進程較快、地方財政狀況較好，政府和集體有經濟能力對農民參保給予一定財政支持的地方展開試點，按照「保基本、廣覆蓋、能轉移、可持續」的原則，以多種方式推進新型農村養老保險制度建設。為加快建立覆蓋城鄉居民的社會保障體系，解決廣大農村居民老有所養的問題，2009年9月，國務院出抬了《關於開展新型農村社會養老保險試點的指導意見》，規定從2009年起開展新型農村社會養老保險（以下簡稱新農保）試點。

2. 新農保的主要內容

2010年10月，第十一屆全國人民代表大會常務委員會第十七次會議通過的《中華人民共和國社會保險法》規定「國家建立和完善新型農村社會養老保險制度」，明確提出「新型農村社會養老保險實行個人繳費、集體補助和政府補貼相結合」，這從較高層次上確認了新農保的法律地位及政府對新農保的財政責任。

新型農村養老保險制度是國家為每個新農保參保人建立終身記錄的養老保險個人帳戶。個人繳費、集體補助及其他經濟組織、社會公益組織、個人對參保人繳費的資助，地方政府對參保人的繳費補貼，全部記入個人帳戶。個人帳戶存儲額目前參考中國人民銀行公布的金融機構人民幣一年期存款利率計息。新農保基金納入社會保障基金財政專戶，實行收支兩條線管理、單獨記帳、核算，按有關規定實現保值增值。試點階段，新農保基金暫時實行縣級管理，隨著試點的不斷擴大和推開，逐步提高管理層次。有條件的地方也可以直接實行省級管理。年滿16周歲（不含在校學生）、未參加

城鎮職工基本養老保險的農村居民，可以在戶籍地自願參加新農保。

第一，資金籌集。個人繳費分12檔，地方補貼每年至少30元，並且每年上調補助額。根據這份指導意見，新農保基金由個人繳費、集體補助、政府補貼構成。

在個人繳費方面，參加新農保的農村居民應當按規定繳納養老保險費。繳費標準目前設為每年100元、200元、300元、400元、500元、600元、700元、800元、900元、1,000元、1,100元、1,200元12個檔次，地方可以根據實際情況增設繳費檔次。參保人自主選擇檔次繳費，多繳多得。國家依據農村居民人均純收入增長等情況適時調整繳費檔次。

在集體補助方面，有條件的村集體應當對參保人繳費給予補助。補助標準由村民委員會召開村民會議民主確定。鼓勵其他經濟組織、社會公益組織、個人為參保人繳費提供資助。在政府補貼方面，政府對符合領取條件的參保人全額支付新農保基礎養老金，其中中央財政對中西部地區按中央確定的基礎養老金標準給予全額補助，對東部地區給予50%的補助。地方政府應當對參保人繳費給予補貼，補貼標準不低於每人每年30元；對選擇較高檔次標準繳費的，可以給予適當鼓勵，具體標準和辦法由省（區、市）人民政府確定。對農村重度殘疾人等繳費困難群體，地方政府為其代繳部分或全部最低標準的養老保險費。

第二，養老金待遇。養老金支付終身，計發標準與城鎮職工相同。根據這份指導意見，養老金待遇由基礎養老金和個人帳戶養老金組成，支付終身。中央確定的基礎養老金標準為每人每月55元，並不定期調整。地方政府可以根據實際情況提高基礎養老金標準，對於長期繳費的農村居民，可以適當加發基礎養老金，提高和加發部分的資金由地方政府支出。個人帳戶養老金的月計發標準為個人帳戶全部存儲額除以139（與現行城鎮職工基本養老保險個人帳戶養老金計發系數相同）。參保人死亡，除政府補貼外，個人帳戶中的資金餘額可以依法繼承；政府補貼餘額用於繼續支付其他參保人的養老金。

第三，養老金領取。新農保制度實施時已滿60周歲，不用繳費可以領取基礎養老金。年滿60周歲、未享受城鎮職工基本養老保險待遇的農村戶籍的老年人，可以按月領取養老金。新農保制度實施時，已年滿60周歲、未享受城鎮職工基本養老保險待遇的，不用繳費，可以按月領取基礎養老金，但其符合參保條件的子女應當參保繳費；距領取年齡不足15年的，應按年繳費，也允許補繳，累計繳費不超過15年；距領取年齡超過15年的，應按年繳費，累計繳費不少於15年。這份指導意見同時指出，要引導中青年農民積極參保、長期繳費、長繳多得。具體辦法由省（區、市）人民政府規定。

5.5.4 城鎮居民社會養老保險

2011年6月，國務院發布《關於開展城鎮居民社會養老保險試點的指導意見》（國發〔2011〕18號），決定從2011年7月1日啓動城鎮居民養老保險試點工作，首批試點確立的覆蓋面就達60%，目標是到2012年基本實現城鎮居民養老保險制度全覆蓋。城鎮居民社會養老保險制度的建立標誌著中國基本養老保險制度全覆蓋，對於實現人人享有基本養老保險，促進社會和諧，具有重大意義。

城鎮居民社會養老保險的試點工作堅持「保基本、廣覆蓋、有彈性、可持續」的原則。一是從城鎮居民的實際情況出發，低水平起步，籌資標準和待遇標準要與經濟發展及各方面承受能力相適應；二是個人（家庭）和政府合理分擔責任，權利與義務相對應；三是政府主導和居民自願相結合，引導城鎮居民普遍參保；四是中央確定基本原則和主要政策，地方制定具體辦法，城鎮居民養老保險實行屬地管理。其主要內容有：

第一，參保範圍。年滿 16 周歲（不含在校學生）、不符合職工基本養老保險參保條件的城鎮非從業居民，均可以在戶籍地自願參加城鎮居民養老保險。

第二，基金籌集。實行社會統籌與個人帳戶相結合的制度模式。城鎮居民養老保險基金主要由個人繳費和政府補貼構成。其中，個人繳費部分規定，參加城鎮居民養老保險的城鎮居民應當按規定繳納養老保險費。繳費標準目前設為每年 100 元、200 元、300 元、400 元、500 元、600 元、700 元、800 元、900 元、1,000 元 10 個檔次，地方人民政府可以根據實際情況增設繳費檔次。參保人自主選擇檔次繳費，多繳多得。國家依據經濟發展和城鎮居民人均可支配收入增長等情況適時調整繳費檔次。政府補貼規定，政府對符合待遇領取條件的參保人全額支付城鎮居民養老保險基礎養老金。其中，中央財政對中西部地區按中央確定的基礎養老金標準給予全額補助，對東部地區給予 50% 的補助。地方人民政府應對參保人員繳費給予補貼，補貼標準不低於每人每年 30 元；對選擇較高檔次標準繳費的，可以給予適當鼓勵，具體標準和辦法由省（區、市）人民政府確定。對城鎮重度殘疾人等繳費困難群體，地方人民政府為其代繳部分或全部最低標準的養老保險費。

第三，建立個人帳戶。國家為每個參保人員建立終身記錄的養老保險個人帳戶。個人繳費、地方人民政府對參保人的繳費補貼及其他來源的繳費資助，全部記入個人帳戶。目前，個人帳戶儲存額每年參考中國人民銀行公布的金融機構人民幣一年期存款利率計息。

第四，養老金待遇。養老金待遇由基礎養老金和個人帳戶養老金構成，支付終身。中央確定的基礎養老金標準為每人每月 55 元。地方人民政府可以根據實際情況提高基礎養老金標準。對於長期繳費的城鎮居民，可以適當加發基礎養老金，提高和加發部分的資金由地方人民政府支出。個人帳戶養老金的月計發標準為個人帳戶儲存額除以 139（與現行職工基本養老保險及新農保個人帳戶養老金計發系數相同）。參保人員死亡，除政府補貼外，個人帳戶中的資金餘額可以依法繼承；政府補貼餘額用於繼續支付其他參保人的養老金。

第五，養老金待遇領取條件。參加城鎮居民養老保險的城鎮居民，年滿 60 周歲，可以按月領取養老金。城鎮居民養老保險制度實施時，已年滿 60 周歲，未享受職工基本養老保險待遇以及國家規定的其他養老待遇的，不用繳費，可以按月領取基礎養老金；距領取年齡不足 15 年的，應按年繳費，也允許補繳，累計繳費不超過 15 年；距領取年齡超過 15 年的，應按年繳費，累計繳費不少於 15 年。要引導城鎮居民積極參保、長期繳費，長繳多得；引導城鎮居民養老保險待遇領取人員的子女按規定參保繳費，具體辦法由省（區、市）人民政府規定。

第六，與相關制度的銜接。有條件的地方，城鎮居民養老保險應與新農保合併實施。其他地方應積極創造條件將兩項制度合併實施。城鎮居民養老保險與職工基本養老保險等其他養老保險制度的銜接辦法，由人力資源社會保障部會同財政部制定。要妥善做好城鎮居民養老保險制度與城鎮居民最低生活保障、社會優撫等政策制度的配套銜接工作，具體辦法由人力資源社會保障部、財政部會同相關部門研究制定。

2011年國家人力資源和社會保障事業發展統計公報顯示，截至2011年年末，全國有27個省、自治區的1,902個縣（市、區、旗）和4個直轄市部分區縣及新疆生產建設兵團開展國家城鎮居民社會養老保險試點。2011年年末城鎮居民社會養老保險試點地區參保539萬人，其中實際領取養老保險金235萬人。全年城鎮居民社會養老保險基金收入40億元，其中個人繳費6億元，基金支出11億元，基金累計結存32億元。

5.5.5 中國養老保險制度改革的思路與建議

1. 挑戰與問題

（1）人口老年負擔率不斷上升。

在人口老齡化日趨嚴重的情況下，基本養老保險體系的負擔呈現逐年上升趨勢，領取養老金的退休人員數與在職職工數量從1990年的18.6%上升到2010年的32.5%，相當於從每5.4個職工養1位退休人員變為每3個職工養一位退休人員。老年負擔率（老年人口除以勞動年齡人口）逐年增加，65歲以上人口占15～64歲人口的比重從1950年的7%增加到2010年的11%。中國當前的生育率已經處於較低水平，總和生育率為1.6左右，低於替代生育率。中國未來人口負擔率的上升不可避免，主要表現為老年負擔率的提高。

（2）城鎮養老保險的參與激勵不足。

儘管社會保險是一項強制性的制度，但在實踐中，企業逃避社會保險費的現象是當前各國尤其是發展中國家社會保險制度面臨的一個重要問題。中國也不例外，從企業層面看，首先，繳費會增加企業用工成本。中國的繳費率比世界大多數國家都要高，五項社會保險企業繳費率合計為29%～37%，員工繳費率為12%，最低按社會平均工資的60%繳費，最高繳費基數不超過社會平均工資的3倍。企業可以通過以下幾種方式減少社會保險繳費：①不去相關部門註冊登記企業或其員工；②以臨時工、家庭成員等身分雇傭員工；③延遲繳納社會保險；④降低名義工資水平來降低實際繳費壓力。

從員工角度來看，有些員工也不願意參保，主要為兩類人：一類是收入較低、就業不穩定的群體；另一類是年紀較輕的群體。對他們而言，一方面，繳費率較高，當前迫切需要的消費無法滿足；另一方面，未來能否獲得社保待遇的不確定性比較大。在企業和員工意願達成一致的情況下，欠費就更加有內在的激勵。地方政府對欠費行為懲罰力度不夠也是一個不可忽視的原因。長期以來，地方政府以經濟增長為主要目標，有些地方政府採取多種優惠政策減免企業稅費，對社保繳費管理不嚴也就不難理解。

（3）養老保險基金的運行收益率較低。

截至2010年年底，城鎮養老保險基金結餘1.54萬億元，新農保基金結餘423億

元，企業年金結餘 2,809 億元[①]，加上中國社會保障基金（NSSF）權益資產為 7,809.18 億元[②]，中國目前需投資營運的養老基金總資產達 2.87 萬億元。《基本養老保險基金投資管理辦法》出抬以前，中國對於養老保險基金投資的監管比 NSSF 投資嚴格，養老保險基金僅僅限於購買理財專戶和國債。NSSF 則可投資於多種渠道，包括銀行存款（不低於 10%）、國債（比例不得低於 50%）、企業債（不高於 10%）、金融債（不高於 10%）、證券投資基金（不高於 40%）和股票（不得高於 40%），甚至有少部分社保基金投資於國外風投基金等各項金融資產。從資金運用的收益看，截至 2009 年，基本養老基金名義收益率不到 2%，同期 CPI 為 2.2%。相比之下，全國社保基金（NSSF）的投資收益則要高得多，2000—2016 年全國社保基金年化平均收益率為 8.4%。

基本養老保險基金投資收益較低，按目前的收益率，如果無額外資金補貼，則無法獲得預期的養老保險待遇。隨著城居保和新農保個人帳戶的逐步累積，資金運用和收益問題越來越突出。如果收益率達不到預期收益，一方面對未來的基金平衡造成巨大壓力，另一方面會使得養老保險制度的吸引力大打折扣。

（4）養老待遇差異缺乏公平性。

各種類型養老保險待遇方面存在明顯的差異，尤其是機關和事業單位的養老金明顯高於企業，平均養老金是企業的 1.45~1.83 倍，養老金對工資的替代率是企業的 1.5 倍左右。從 20 世紀 90 年代中期城鎮基本養老金改革以來，二者差距就已形成。近 10 年來，企業、機關、事業單位養老金替代率總體上均呈下降趨勢，相對機關和事業單位，企業養老金替代率雖然下降幅度略小，但各年的替代率均低於機關和事業單位。2008 年機關和事業單位的替代率平均為 65%~67%，而企業為 47%。

2. 未來的改革思路

（1）提高老年勞動參與率。

勞動力規模不僅取決於人口年齡結構，還受勞動參與率的影響。2000 年第五次全國人口普查資料顯示，分性別、分年齡的勞動參與率顯示，勞動參與率最高的年齡組在 29~45 歲，男性為 97%，女性為 87%；男性 60 歲以後、女性 55 歲以後的勞動參與率顯著下降。2000 年以來，勞動參與率下降的趨勢更加明顯，到 2005 年城市勞動參與率為 62.5%。中國 50~54 歲的勞動參與率比大多數國家都要低，城鎮的 50~54 歲的勞動參與率低於 60%，低於 OECD 國家近 20 個百分點（如表 5.6 所示）。這一狀況與中國較低的退休年齡有關（女性為 55 歲，男性為 60 歲）。

從政策角度看，延遲退休年齡在一定時期內是應對老年負擔率上升的一種十分有效的政策工具。延長退休年齡在中國事實上已經具有一定的可行性，現實中享受養老保險待遇的離退休人員被再次返聘的情況並不在少數。一方面，退休人員若仍然有繼續工作的意願，其人力資本仍然滿足勞動力市場的需求，延長退休年齡對雇主和雇員

[①] 《2010 年人力資源和社會保障事業發展統計公報》。

[②] 《2010 年全國社保基金理事會基金年度報告》。全國社保基金（NSSF）成立於 2000 年，是應對未來基本養老保險債務的戰略性儲備基金。其資金來源主要是財政預算，國有企業 IPO 需將 10% 交給 NSSF。

都有好處；另一方面，返聘已經領取養老金的退休人員對於企業而言成本較低，卻造成養老基金收入的漏損和養老基金支出的增加，因而延長法定退休年齡具有必要性。這一政策措施已經開始嘗試，從2010年10月起，上海試行柔性退休制度，企業需要的各類人員可延遲退休①。

表 5.6　　　　　　　　　　分年齡段的勞動參與率比較　　　　　　　　單位：%

	50~54歲	55~59歲	60~64歲	65歲及以上		50~54歲	55~59歲	60~64歲	65歲及以上
中國	76.9	65.7	49.3	19.8	法國	78.8	54.6	14.4	1.1
中國男性	88.8	78.1	59.5	27.5	日本	80.6	73.9	52.6	19.4
中國女性	64.9	52.8	38.6	12.8	韓國	72.6	63.2	54.5	30.3
中國城鎮	59.3	43.1	25.3	8.9	瑞典	84.2	79.5	59.6	10.1
中國農村	88.7	81.1	65.9	27.6	英國	79.9	69.0	43.2	6.8
中國香港	65.2	47.8	28.1	6.9	美國	79.9	69.0	53.2	6.8
臺灣	62.1	44.0	30.9	7.4	上述OECD國家平均	77.9	69.8	51.0	14.9

資料來源：封進，何立新．中國養老保險制度改革的政策選擇——老齡化、城市化、全球化的視角［J］．社會保障研究，2012（3）：29-41.

（2）提升勞動生產率。

改革養老保險制度的關鍵是提高勞動者的勞動生產率，從而提高產出。在產出不斷增長時，年輕一代創造的財富和能夠撫養的老年人口的比例就會增加，養老保險制度可以承受更高的負擔率。產出及其增長是解決養老問題的根本所在。伴隨著人口老齡化過程，中國的勞動生產率增長十分迅速，1991—2010年年均勞動生產增長率為9.65%②。根據世界銀行等機構的預測，未來隨著經濟增長速度放緩，中國勞動生產率增長速度也將下降，但仍然有可能保持較高的水平，預計2011—2012年平均可達8.3%，到2026—2030年仍可達5.5%。這將提高有效勞動力的數量，抵消人口老齡化的不利影響。

未來勞動生產率的提高依賴於一些不可或缺的條件。首先，在人口老齡化下，今後進一步加大人力資本投資是必然選擇。其次，未來勞動生產率的提高依賴於經濟結構調整。農業的勞動生產率較低，未來將勞動力從農業進一步轉移到非農產業仍然有較大的空間，表現為農業部門的就業比重下降，而服務業部門的就業比重有很大提升。因此，進一步完善促進勞動力流動的政策是提高勞動生產率的不可忽視的內容。

（3）以城市化緩解老齡化的影響。

中國的城鎮養老保險體系僅覆蓋了不到60%的城鎮就業人口，相當多的農村轉移勞動力還沒有被覆蓋。截至2010年年末，全國參加基本養老保險的農民工為3,284萬

---

① 上海規定延遲退休年齡男性一般不超過65周歲，女性一般不超過60周歲。
② 根據統計年鑒提供的GDP數據和就業人數計算勞動生產率，並計算年均增長率。

人，只占在城鎮就業農民工的21%。隨著城市化進程，還將有更多的農村勞動力從事非農工作。保障農村轉移勞動力的合理權益，一方面，將農村轉移勞動力納入社會保障體系是社會公平的必然要求。儘管有超過2億的農村勞動力從事非農工作，但以戶籍度量的城市化率在2011年只有50%，未來破除戶籍制度的障礙，讓所有在城市務工的人員同等程度享受公共服務和社會保障是城市化的基本內容。

一方面，將農村轉移勞動力納入城鎮社會保障體系可以增加繳費人數，而在一定時期內退休人數並不會隨之增加，因而可以在較長時間內改變城鎮養老保險體系的負擔率，有利於城鎮養老保險基金的平衡；另一方面，城市化也有利於農村養老保險待遇的提高。給予農村養老保險政府補貼也是世界各國普遍的做法。新農保的參與激勵主要來源於政府補貼，當前新農保的保障程度較低，補貼力度較小。城市化過程將降低農村老年人口的絕對數量，政府補貼力度有可能提高。

(4) 適當降低養老保險繳費率。

在經濟全球化背景下，過高的社會保障水平對一國的國際競爭造成嚴重挑戰，尤其對發展中國家而言，其國際競爭力主要來源於較低的勞動力成本優勢，經濟全球化更加需要控製福利水平。大量的研究認為，全球化下的競爭導致了福利水平的削弱，即為「趨於向下的競爭」(Race to Bottom)。在全球化進程中，中國的競爭力很大程度上來源於低成本勞動力，較高的社會保險水平還不能實現，執行成本也會較高，企業和地方政府甚至個人都將有激勵逃避繳費。逐步降低繳費率是未來社會保險改革中必須正視的問題，世界勞工組織對繳費不足問題提出的首條建議即為降低繳費率。

隨著經濟增長方式的轉變，人力資本的重要性會越來越顯現，處於產業結構高端的企業更看重人力資本水平，給予員工較高程度的養老保障有助於勞動生產率的提高。此時在保證一個低水平社會保障的前提下，企業可以決定是否提供補充性的保險，如企業年金，以滿足對社會保障較高的需求。

(5) 促進養老保險制度的公平性。

首先，養老保險制度的公平性並非指待遇方面的統一，擁有平等的機會是最根本的公平。一方面，機關事業單位的養老金比企業高是歷史遺留問題，企業職工養老金改革導致企業的養老金水平下降。對於養老金改革前參加工作的老人，應有專門的資金用於補償其養老金損失；另一方面，公共部門的養老金水平和私人部門的養老金水平有所差異，公共部門養老金水平較高的主要原因是激勵其在職期間廉潔奉公，以期退休後有較為豐厚的養老金。因此，如果勞動力市場是完善的，由市場決定個人的工資福利，則就是公平的。因此，養老金制度的公平還依賴於減少勞動力市場中的不公平。

(6) 完善養老保險基金的治理結構。

養老基金營運需綜合考慮保值性和風險性，資金的安全性應放在首位，否則將使老年保障暴露在巨大的投資風險之中，也就喪失了養老保險的功能。養老基金進入資本市場是大勢所趨，養老保險基金的性質和社保基金有所不同，在理事會的治理結構上也會有所不同，現有企業年金基金的治理結構是一種參考。2015年8月23日，國務院發布《基本養老保險基金投資管理辦法》指出，養老基金實行中央集中營運、市場化投資運作，由省級政府將各地可投資的養老基金歸集到省級社會保障專戶，統一委

託給國務院授權的養老基金管理機構進行投資營運。《基本養老保險基金投資管理辦法》還指出，投資股票、股票基金、混合基金、股票型養老金產品的比例，合計不得高於養老基金資產淨值的 30%；參與股指期貨、國債期貨交易，只能以套期保值為目的。

6 醫療保險

6.1 醫療保險概述

6.1.1 醫療保險的概念與特點

醫療保險是國家和社會為社會成員提供的用於患病、受傷、生育、年老的治療費用及服務幫助的一種社會保險制度。由於當代許多國家醫療保險日益擴展，把預防保健也包括在內，因此醫療保險也稱健康保險。醫療保險具有以下六個特點。

1. 保障對象的廣泛性

醫療保險的保障對象比其他保障系統更廣泛，原因在於影響健康的因素主要是疾病，它對每一個人來說都存在客觀性和必然性，不論性別、年齡、貧富、地位，只要他（她）們患病，均需由國家或社會提供費用和醫療保障。而一個國家的公民的健康狀況又是關係到這個國家繁榮昌盛的重大問題，因此，國家發展醫療保健事業，增進人民健康水平，不僅是一種社會責任，而且是改善全體人民物質文化生活的一項重要內容。

2. 保障內容的特殊性

一般的社會保險項目提供對社會成員的收入或生活方面的保障，而醫療保險卻以社會勞動者的身體健康和疾病醫療作為特定的保障內容。

3. 與其他社會保險的關聯性

任何社會保險項目的內容都與醫療保險的內容相互交織在一起，其他社會保險項目的運轉均離不開醫療保障。有的社會保險項目甚至以醫療保險為基礎。例如，生育、疾病社會保險本身就包括了醫療保障的內容。

4. 保障目的的專一性

醫療保險主要是以保障國民的身體健康為特定內容，它提供的手段和原則與其他社會保險項目有所不同，並不涉及被保險人的物質、精神生活水平等問題。

5. 被保險人的機會均等性

對於符合條件的每一個被保險人來說，享受醫療保險的機會和待遇是一律平等的。被保險人患病時，就醫和用藥都是依病情而定的，不受其他因素（收入狀況、職業、地位）的限制和影響。

6. 保障手段的服務性

其他保險項目是以現金支付方式為社會成員提供生活保障的，而醫療保健則一般

以提供醫療服務為主,包括為社會成員提供免費、低費或部分收費服務。收費標準因社會成員遭受風險的性質不同而有所區別:工傷的醫療保險帶有經濟補償和撫恤的性質,其待遇應優厚一些;而疾病和非因公負傷的醫療保險則帶有物質幫助和救濟的性質,待遇相應低一些,患者本人還需分擔部分費用。

6.1.2 醫療保險的基本原則

根據世界衛生組織和聯合國兒童基金會聯合發起的,於 1978 年在蘇聯阿拉木圖召開的第一次醫療保健國際會議確定的原則,結合醫療保險的特徵、性質,醫療保險的建立應遵循以下六條原則。

1. 擴大醫療保險的實施範圍

實施範圍應包括「被服務的居民參與」,醫療保險首先應在經濟比較發達的國家和工業化過程較快的國家普及,而發展中國家視經濟發展情況逐步開展,使所有的居民都可以認可和享受醫療保險制度。

2. 基本醫療保障水平和方式要與國家生產力發展水平以及各方承受能力相適應

最終建立醫療保險的可行性將取決於基礎設施的存在及穩定性(包括人力和物力)、雇主、雇員和政府三方的支付能力以及實行醫療保險的管理能力。

3. 享受醫療保險待遇實行機會均等原則

凡被保險人符合享受醫療保險待遇的病情和用藥,完全依據病傷情況來決定,不存在經濟收入、職業、性別的限制和影響,均享受同一標準的醫療待遇。機會均等不能理解為平均主義,享受的前提條件是患病與傷殘,更重要的是對弱者的保障,即對退休人員、因工殘疾者、長期病號和危重病人的優先照顧。

4. 建立醫療保險基金的專款專用制度

無論採用何種形式籌集的醫療保險基金,必須確保用在患者的身上,不得挪為他用。因為醫療保險基金是直接用於處置疾病風險和提供醫療保健服務。為此,必須嚴格加強管理,遵守規章制度,切實體現「保證醫療、克服浪費、有利生產、節約開支」的原則。

5. 需要保險人繳費

醫療保險應當遵循「風險共同分擔」的原則,原則上個人應該負擔一部分費用,但不同的保險項目中因保險性質有所不同,應採取不同保險項目區別對待的原則。工傷保險本人不負擔任何費用,但疾病保險和非因工負傷保險要求本人分擔少量費用,以示區別。一般應採取互相幫助和政府補助的原則,即身體健康者與病弱者、年輕者與年老者、收入高者與收入低者的互相幫助,政府酌情補貼,這體現了保險的原理。

6. 把預防和醫療結合起來

醫療保險不僅僅是提供服務和費用補償,還應把預防、保健及環境衛生等項目都包括進去。以預防為主,可以減輕疾病的發生,以減少醫療保險其餘的負擔。

6.1.3 醫療保險的產生與發展

18 世紀末 19 世紀初,民間性的社會保險在歐洲一些國家興起,這種民間保險多半

是在一種行業或者一個地區的基礎上,由勞動者自願組織的各種基金會、互助救濟組織共同集資以償付醫藥費用。但是,這些保險基金主要由被保險人本人支出,雇主與國家並不參與。

到了 19 世紀末 20 世紀初。這種自願的民間保險逐漸轉為社會保險。1883 年德國政府頒布了《疾病保險法》。該法令規定,在各地建立疾病基金會,大部分經費由企業負擔,職工只繳納一部分保險費。後來,歐洲各國紛紛效法德國,建立社會保險制度。這種社會保險的主要內容是醫療保險。儘管在不同的國家,職工、企業和國家三方負擔的保險基金份額不同,但是,醫療保險的共同原則是所籌集的保險基金全部處於國家的監督之下,國家還制定有關法律,以立法的形式強制實行。

1944 年國際勞工組織在美國費城召開會議,發表了《費城宣言》,其中提出:「要提供完備的醫療,擴大社會保障。」第二次世界大戰以後,醫療保險的範圍不斷擴大。在衛生服務開支中,由社會醫療保險提供的資金所占比例不斷增加。例如,20 世紀 70 年代,聯邦德國的醫療保險已經普及到全體居民的 90%,由社會支付的醫療經費占醫療總支出的 78%;日本相應地為 95% 和 85%;法國為 98% 和 76%;義大利為 91% 和 87%;瑞典為 98% 和 91%;瑞士為 89% 和 70%。

隨著社會化大生產的進一步發展,在醫療保險方面開始出現新的形式。有些國家的醫療費用由國家負擔,實行全民免費醫療。例如,蘇聯所有醫療服務基本上是免費的,疾病患者只需支付門診藥費;英國政府於 1960 年通過國家保健法案,實行全民免費醫療,個人只付處方費,但病人到私立醫院看病則需自費。

近些年來,有些國家又建立了一種新的醫療保險制度,即醫療銀行和醫療儲蓄制度。職工從工資中拿出一定比例的份額,存入醫療銀行,患者從醫療銀行的儲蓄中支取醫療費用,國家也撥出一定經費給醫療銀行作為機動經費。澳大利亞從 1975 年起以醫療銀行制度代替原來的自願保險法,徵稅額一般為個人收入的 2.5%,病人在公立醫院看病可報銷費用的 85%。

由自費醫療到互助合作醫療,再到醫療保險,再進一步形成內容更為廣泛的現代醫療保險制度,這是生產社會化的客觀要求。在個體和家庭式小生產占統治地位的情況下,勞動者的身體健康問題基本上是個人的事務,而在現代化大生產的情況下,勞動者的健康狀況則是關係國家生產發展的重大問題。因為勞動力是生產過程中的首要因素,一個國家要發展社會生產力,開發新技術,首先需要高質量的、適合經濟建設需要的勞動力,勞動者必須具有旺盛的精力和健康的體魄,才能使其聰明才智得到發揮,在各自的工作崗位上愉快地工作。

6.2　醫療保險制度

6.2.1　醫療保險的制度模式

醫療保險制度涉及醫療服務消費者、醫療服務提供者、醫療服務購買者(基金管

理部門或政府有關部門）三個要素。三要素的不同聯繫方式形成不同的醫療保險模式。不同的聯繫方式主要通過不同的籌資方式和支付方式來體現。按醫療保險籌資渠道的不同，目前國際上常見的醫療保險制度主要有國家醫療保險、社會醫療保險、商業醫療保險、儲蓄醫療保險和社區醫療保險五種模式。

1. 國家醫療保險模式

國家醫療保險又稱國家醫療服務體系，由國家直接舉辦，強制參加，費用主要由國家負擔，由國家財政預算直接提供。雖然有些國家的醫療費用是由國家、企業和被保險人三方負擔，但國家負擔絕大部分費用。在這種制度下，一般都由國家開辦醫院，醫生及其醫務人員的費用也由國家支付，基本上對患者實行免費醫療服務。英國等許多福利國家採用這種制度。

2. 社會醫療保險模式

醫療保險制度大都以立法的形式對醫療保險的各項內容做出規定，強制參加，費用主要由企業和被保險人負擔，必要時由國家提供部分費用。在這種制度下，一般由企業或社會保險機構與醫院簽訂合同，醫院向企業或保險機構收取費用後對合同職工提供醫療服務。這是大多數發達國家和發展中國家實行的一種醫療保障方式，如法國、德國等。實行該模式的國家，也有其他醫療保險模式，如自願醫療保險——主要為私人健康保險，一般都是高薪階層參加。事實上，由於高收入者更為重視自身的健康，因此，在採用該模式的國家中，幾乎所有的高收入者都會選擇參加私人健康保險。

3. 商業醫療保險模式

這種醫療保險制度大多數是通過組織私營保險機構來解決醫療保障問題，自願參加，採用商業化原則經營，費用由個人支付。例如，美國對在職雇員（包括聯邦政府的文職人員）實行自願醫療保險。

私人醫療保險的籌資來源主要是個人和企業。例如，美國的商業醫療保險有兩種方式：一種方式是大工商企業、機關團體的職工，由雇主同保險公司簽訂合同，根據一定的條件為全體職工及其家屬提供醫療保險；另一種方式是個人投保，除一般保險外，有多種多樣的單項保險，如牙齒、眼睛、癌症保險等。這種投保方式繳納的保險金不同，享受的醫療條件也不同。另外，社會保險中的補充醫療保險也是在自願的基礎上，通過投保者每月支付保險費籌資建立信託基金會。

在美國這樣以私人醫療保險為主的國家，也有社會性的醫療保險。社會性的醫療保險主要是為特定人員如老人和收入低於貧困線以下的窮人等設置的。由美國政府舉辦的社會醫療保險包括老年醫療保險制度、醫療困難補助制度和少數民族免費醫療制度等。美國社會醫療保險的籌資渠道是國家強行徵收工資稅。

4. 儲蓄醫療保險模式

按照這一模式，政府強制要求國民設立儲蓄帳戶，醫療費用按照一定辦法在該帳戶內開支。新加坡是採用醫療儲蓄保險的典型國家。新加坡政府於1983年發表全民保健計劃藍皮書，從1983年7月起實行全民保健儲蓄計劃。此後，又建立了以自願為基礎的補充大病保險性質的健保雙全計劃及為貧困居民提供醫療救助的醫療基金計劃。從此，其醫療保險制度由醫療儲蓄保險、大病保險、窮人醫療保險三大部分組成。其

中，醫療儲蓄保險起主導作用，大病保險和窮人保險起輔助作用。這種三位一體的保險制度組成了一個醫療保障的安全網。

5. 社區醫療保險模式

社區醫療保險模式是指依靠社區力量，按照「風險共擔、互助共濟、自願參加」原則，在社區範圍內多方籌集資金，形成醫療保險基金，用來支付參保人及家庭的醫療、預防、保健等服務費用的一項綜合醫療保健措施。中國的農村合作醫療制度和泰國的健康卡制度是社區醫療保險模式的代表。

社區醫療保險模式與社會醫療保險模式最大的區別體現在醫療保險基金的具體籌集方式上，另一個是自願的，一個是強制的。目前，中國實行的新型農村合作醫療和城鎮居民基本醫療保險實質上就是社區醫療保險模式的具體形式。

6.2.2　醫療保險基金的籌集

1. 醫療保險基金及其籌資來源

醫療保險的基金主要來自國家、企業和被保險人三方。但是，各國醫療保險制度類型不同，基金來源也有差異。實行國家醫療保險模式的國家，其基金主要來源於國家；而實行醫療社會保險的國家，基金主要為企業和雇主及被保險人繳納的保險費、政府的補貼。實行商業性醫療保險和儲蓄醫療保險的國家，其費用來自於個人。實行社區醫療保險的國家，其基金主要來源一般由政府引導，以高額補助方式吸引參保人自願繳納保險費，從而形成醫療保險基金。

從醫療保險的籌資方式來看，主要有現收現付制、基金累積制和混合制三種模式。現收現付制的特點是以支定收，當年籌集的資金用於應付當年的各種醫療給付和運行支出。基金累積制的特點是以收定支，即被保險人將來的保險金給付水平完全由基金累積所決定。混合制則是兩者的結合，即在一定人群中進行橫向累積，利用個人帳戶等進行縱向累積。目前大多數醫療保險基金的籌集方式以現收現付制為主。

2. 醫療保險基金的籌集原則

醫療保險基金的籌集原則是收支平衡原則，即在一定時期內，基金籌集的資金與需要支付的各項開支要維持平衡。利用收支平衡原則將所有的醫療及管理費用分攤給每個計劃參加者就可以確定社會保險基金相應的籌資比例。

6.2.3　醫療保險的待遇項目

在醫療保險的待遇項目上，有兩種類型：其一，一些國家只對勞動者即被保險人本人提供保險待遇；其二，一些國家同時對被保險人的直系親屬也提供這種待遇。各國醫療保險提供的具體待遇項目主要有以下五種。

第一，患者醫療服務。它包括門診、檢查、醫治、用藥、整容、住院等在內的各種醫療服務，是醫療保險的主要內容。國家用於醫療保險的費用，絕大部分包含在醫療服務裡面，不僅包括病患者的診斷、醫治、護理服務的現金和實物支出，還包括建立公立醫院、購置醫療器械的投資以及醫生的工資和醫院日常辦公開支。

第二，疾病津貼。它是指勞動者患病之後的生活費用，一般用現金形式給付，並

與勞動者患病之前的工資水平相聯繫。

第三，病假。它是指勞動者領取疾病津貼期間享受病假待遇。

第四，被撫養家屬補助。它是指向患病勞動者撫養的親屬給付必要數額的現金補助，其總的原則是低於疾病津貼。

第五，為被撫養者提供醫療服務。許多實施醫療保險的國家，除了向勞動者提供減免費用的醫療服務外，一般都還向其撫養的家屬提供醫療服務。

6.2.4 醫療保險的待遇支付方式

醫療保險機構作為醫療保險服務付費人，對醫療服務機構的補償方式是整個醫療保險機制正常運行的重要環節。醫療保險費用的支付方式分為後付制和預付制，前者按服務項目付費，後者有總額預付制、按服務單元付費、按人頭付費、按病種付費等形式。

1. 按服務項目付費

按服務項目付費是最簡潔的醫保費用支付方式，也是運用較早、較廣泛的支付方式，是醫療保險經辦機構協議定向醫院按服務項目支付費用的結算方式，屬於後付制。

2. 總額預付制

由醫保機構與定點醫療機構協商後確定某一定點醫療機構一年的總額預算（也可以是一季度的總預算）。醫保機構在支付該定點醫療機構醫療費用時，不論實際醫療費用支出多少，都以這個預算數作為支付的最高限度，來強制性控制支付標準，而定點醫療機構必須對保險範圍中的所有參保人員提供規定的醫療服務。

3. 按服務單元付費

醫保機構按預先確定的住院日費用標準支付住院病人每日的費用，按預算規定的每次費用標準支付門診病人費用。同一醫院所有病人的每日住院或每次門診費用支付都是相同、固定的，與每個病人每日或每次治療的實際花費無關。

4. 按人頭付費

按人頭付費又稱為平均定額付費。首先由醫療保險機構制定每一門診人次或者每一住院人次的費用償付標準，然後醫療保險機構根據醫院實際提供的服務人次（門診與住院人次）向醫院支付醫療費用。這種付費方式也屬於預付制的一種，醫院的收入隨著病人數的增加而增加。

5. 按病種付費

按病種付費又稱為按疾病診斷分類定額預付制。根據國際疾病分類標準將住院病人的疾病按診斷分為若干組，分別對不同級別定價，按這種價格向醫院一次性支付。

6.2.5 醫療保險的費用控制

從某種意義上來講，現階段許多國家和地區進行醫療保險制度改革的目的就是更好地進行費用控制。費用控制的方法可分為需方控制和供方控制兩大類。

1. 需方控製

醫療費用的需方控製是指利用費用分擔機制，增加消費者的費用意識和需求彈性，減少道德損害，限制不必要的需求。常見的費用分擔形式有：

（1）起付線。起付線又叫免賠額，即被保險人報銷醫療費用前，先自付一小部分費用，起付線以上的醫療費用才由醫療保險基金支付。在醫療保險中合理規定起付線可以抑制一部分人的服務需求，從而降低保險金的給付。

（2）支付限額。支付限額又叫封頂線，即限額以內的醫療費用由醫療保險基金支付，限額以外的由被保險人支付。這樣做可以降低籌資比例，但不適合大病患者和重症患者。

（3）比例共付。比例共付是指保險機構對被保險人的醫療花費按一定的比例進行補償，剩下的部分由被保險人自付，雙方都承擔一定比例的費用。一般認為，自付比例達到25%時，醫療服務需求明顯降低。

2. 供方控製

醫療保險費用的結算方式是實施費用控製措施的重要手段，可在一定程度上調節和規範醫療服務供需雙方的行為，形成醫療服務供給者、醫療服務需求者及醫保基金經營者之間的制約關係。本書認為科學的複合式結算方式是以總額預付、彈性結算為基礎，部分疾病按病種付費，根據定點醫療機構類別的不同，實行不同的醫保費用結算辦法。

對於社區醫療門診，實行按人頭付費的結算辦法，即醫療保險機構根據醫療機構服務的人數和規定的收費標準，定期定額預先支付給醫療機構一筆費用，醫療機構或醫生負責向這一人群提供合同規定範圍內的醫療服務。對定點二級以上醫療機構實行以總額預付、彈性結算為基礎，部分疾病按病種付費相結合的複合式結算辦法。由於各種支付方式對醫療費用的控製都各有利弊，因此本書建議國家採取混合支付制度，從而達到既能較好控製醫療費用又能提高醫療服務水平的目的。從國內現狀來看，可以採用以總額預付、彈性結算為基礎，部分疾病按病種付費相結合的複合式結算辦法。

6.3　中國醫療保險制度

6.3.1　中國醫療保險制度的發展歷程

1. 公費醫療、勞保醫療制度及其改革

從新中國成立初期到改革開放前，中國實行的是高度集中的計劃經濟體製，並建立了與這一經濟制度相適應的公費醫療制度和勞保醫療制度。

1952年，政務院發布《關於全國人民政府、黨派、團體及所屬事業單位的國家工作人員實行公費醫療預防的指示》規定，以國家機關、事業單位工作人員、革命傷殘軍人、高校學生為公費醫療對象。隨後，衛生部和財政部等部門又先後頒布了一系列法規章，擴大了公費醫療制度覆蓋的範圍。公費醫療經費由各級政府財政預算撥款。

中國的醫療保險制度也是隨著社會經濟的發展而不斷變化的。20 世紀 80 年代以來，隨著經濟的發展和改革外放的深入，特別是中國經濟體制從計劃經濟向社會主義市場經濟的逐步轉型，傳統的醫療保障制度日益顯露出機制上的弊病，改革成為歷史的必然。

1992 年，廣東省深圳市在全國率先開展了職工醫療保險改革，從而拉開了對中國職工醫療保障制度進行根本性改革的序幕。黨的十四屆三中全會提出要在中國建立社會統籌和個人帳戶相結合的醫療保險制度。1992 年，國家體改委等四部委共同制定了《關於職工醫療保險改革的試點意見》，經國務院批准，在江蘇省鎮江市、江西省九江市進行試點。1996 年，國務院辦公廳轉發了國家體改委等四部委《關於職工醫療保障制度改革擴大試點的意見》，在 58 個城市進行了擴大試點。

1998 年，中國開始建立城鎮職工基本醫療保險制度。為實現基本建立覆蓋全體城鎮居民醫療保障體系的目標，國務院決定，從 2007 年起開展城鎮居民基本醫療保險試點。2007 年在有條件的省份選擇 2～3 個城市啟動試點，2008 年擴大試點，爭取 2009 年試點城市超過 80%，2010 年在全國全面推開，逐步覆蓋全體城鎮非從業居民。

2. 農村合作醫療制度改革

農村合作醫療制度是中國農村醫療保障的主要內容，對保障廣大農村醫療起了重要的作用。這種制度最早可以追溯到抗戰時期，在毛澤東的倡導下，各種形式的合作社在延安應運而生，醫藥合作社也在這一大背景下誕生。

1979 年，衛生部、農業部、財政部等部委下發《農村合作醫療章程（試行草案）》，對合作醫療制度進行了規範。1980 年，全國農村約 90%的行政村實行了合作醫療制度，合作醫療制度、合作社的保健站以及「赤腳隊伍」成為解決中國廣大農村缺醫少藥的三大法寶。國際衛生組織對經濟不發達國家解決農村的衛生醫療的兩種模式進行了評估：一種是印度採取的在城市建大醫院輻射農村的模式，另一種是中國的合作醫療制度。結果證明，合作醫療制度是一種既經濟又有效的辦法，因而也得到了國際社會的肯定。

從 2003 年開始，本著多方籌資、農民自願參加的原則，新型農村合作醫療的試點地區正在不斷增加。試點地區的經驗總結為將來新型農村合作醫療在全國的全面開展創造了堅實的理論與實踐基礎。截至 2004 年 12 月底，全國共有 310 個縣參加了新型農村合作醫療，有 1,945 萬戶、6,899 萬農民參加，參加率達到了 72.6%。2011 年 2 月 17 日，中國政府網發布了《醫藥衛生體制五項重點改革 2011 年度主要工作安排》，這份文件指出：2011 年，政府對新農合和城鎮居民醫保補助標準均由上一年的每人每年 120 元提高到 200 元，城鎮居民醫保、新農合政策範圍內住院費用支付比例力爭達 70%。

2009 年 3 月 17 日，中共中央、國務院向社會公布的《關於深化醫藥衛生體制改革的意見》提出「有效減輕居民就醫費用負擔，切實緩解『看病難、看病貴』」的近期目標以及「建立健全覆蓋城鄉居民的基本醫療衛生制度，為群眾提供安全、有效、方便、價廉的醫療衛生服務」的長遠目標。新醫改的大幕由此拉開。

6.3.2 城鎮職工基本醫療保險制度

1. 主要內容

(1) 保障對象。城鎮職工基本醫療保險制度保障對象指城鎮所有用人單位,包括企業(國有企業、集體企業、外商投資企業、私營企業等)、機關、事業單位、社會團體、民辦非企業單位及其職工,都要參加基本醫療保險。鄉鎮企業及其職工、城鎮個體經濟組織業主及其從業人員是否參加基本醫療保險,由各省、自治區、直轄市人民政府決定。

(2) 基金籌集與給付。基本醫療保險費由用人單位和職工共同繳納。用人單位繳費率應控制在職工工資總額的6%左右,職工繳費率一般為本人工資收入的2%。隨著經濟發展,用人單位和職工繳費率可進行相應調整。

基本醫療保險基金由統籌基金和個人帳戶構成。職工個人繳納的基本醫療保險費全部計入個人帳戶。用人單位繳納的基本醫療保險費分為兩部分,一部分用於建立統籌基金,另一部分劃入個人帳戶。劃入個人帳戶的比例一般為用人單位繳費的30%左右,具體比例由統籌地區根據個人帳戶的支付範圍和職工年齡等因素確定。

統籌基金和個人帳戶要劃定各自的支付範圍,分別核算,不得互相擠占。要確定統籌基金的起付標準和最高支付限額,起付標準原則上控制在當地職工年平均工資的10%左右,最高支付限額原則上控制在當地職工年平均工資的4倍左右。起付標準以下的醫療費用,從個人帳戶中支付或由個人自付。起付標準以上、最高支付限額以下的醫療費用,主要從統籌基金中支付,個人也要負擔一定比例。超過最高支付限額的醫療費用,可以通過商業醫療保險等途徑解決。統籌基金的具體起付標準、最高支付限額以及在起付標準以上和最高支付限額以下醫療費用的個人負擔比例,由統籌地區根據以收定支、收支平衡的原則確定。

(3) 基金管理與監督。基本醫療保險基金納入財政專戶管理,專款專用,不得擠占挪用。社會保險經辦機構負責基本醫療保險基金的籌集、管理和支付,並要建立健全預決算制度、財務會計制度和內部審計制度。社會保險經辦機構的事業經費不得從基金中提取,由各級財政預算解決。基本醫療保險基金的銀行計息辦法有兩種:一種是當年籌集的部分,按活期存款利率計息;另一種是個人帳戶的本金和利息歸個人所有,可以結轉使用和繼承。

各級勞動保障和財政部門要加強對基本醫療保險基金的監督管理。審計部門要定期對社會保險經辦機構的基金收支情況和管理情況進行審計。統籌地區應設立由政府有關部門代表、用人單位代表、醫療機構代表、工會代表和有關專家參加的醫療保險基金監督組織,加強對基本醫療保險基金的社會監督。

(4) 醫療服務管理。基本醫療保險實行定點醫療機構(包括中醫醫院)和定點藥店管理。勞動保障部會同衛生部、財政部等有關部門制定定點醫療機構和定點藥店的資格審定辦法。社會保險經辦機構要根據中西醫並舉、基層、專科和綜合醫療機構兼顧,方便職工就醫的原則,負責確定定點醫療機構和定點藥店,並同定點醫療機構和定點藥店簽訂合同,明確各自的責任、權利和義務。在確定定點醫療機構和定點藥店

時，要引進競爭機制，職工可選擇若干定點醫療機構就醫、購藥，也可持處方在若干定點藥店購藥。國家藥品監督管理局會同有關部門制定定點藥店購藥事故處理辦法。

(5) 有關人員的醫療待遇。醫療費支付不足部分，由當地人民政府幫助解決。退休人員參加基本醫療保險，個人不繳納基本醫療保險費。對退休人員個人帳戶的計入金額和個人負擔醫療費的比例給予適當照顧。國家公務員在參加基本醫療保險的基礎上，享受醫療補助政策，具體辦法另行制定。為了不降低一些特定行業職工現有的醫療消費水平，在參加基本醫療保險的基礎上，作為過渡措施，允許建立企業補充醫療保險。企業補充醫療保險費在工資總額4%以內的部分，從職工福利費中列支，福利費不足列支的部分，經同級財政部門核准後列入成本。

6.3.3 新型農村合作醫療制度

1. 制度的建立與發展

2002年10月，《中共中央、國務院關於進一步加強農村衛生工作的決定》明確指出：要「逐步建立以大病統籌為主的新型農村合作醫療制度」。從2003年起，各省、自治區、直轄市至少要選擇2~3個縣（市）先行試點，取得經驗後逐步推開。到2010年，實現在全國建立基本覆蓋農村居民的新型農村合作醫療制度的目標，減輕農民因疾病帶來的經濟負擔，提高農民健康水平。

2. 制度的實施原則

新型農村合作醫療，簡稱「新農合」，是指由政府組織、引導、支持，農民自願參加，個人、集體和政府多方籌資，以大病統籌為主的農民醫療互助共濟制度。採取個人繳費、集體扶持和政府資助的方式籌集資金。建立新型農村合作醫療制度要遵循以下原則：

(1) 自願參加，多方籌資。農民以家庭為單位自願參加新型農村合作醫療，遵守有關規章制度，按時足額繳納合作醫療經費；鄉（鎮）、村集體要給予資金扶持；中央和地方各級財政每年要安排一定專項資金予以支持。

(2) 以收定支，保障適度。新型農村合作醫療制度要堅持以收定支、收支平衡的原則，既保證這項制度持續有效運行，又使農民能夠享有最基本的醫療服務。

(3) 先行試點，逐步推廣。建立新型農村合作醫療制度必須從實際出發，通過試點總結經驗，不斷完善，穩步發展。要隨著農村社會經濟的發展和農民收入的增加，逐步提高新型農村合作醫療制度的社會化程度和抗風險能力。

3. 主要內容

(1) 組織管理。新型農村合作醫療制度一般採取以縣（市）為單位進行統籌。條件不具備的地方，在起步階段也可採取以鄉（鎮）為單位進行統籌，逐步向縣（市）統籌過渡。要按照精簡、效能的原則，建立新型農村合作醫療制度管理體制。省、地級人民政府成立由衛生、財政、農業、民政、審計、扶貧等部門組成的農村合作醫療協調小組。各級衛生行政部門內部應設立專門的農村合作醫療管理機構，原則上不增加編制。縣級人民政府成立由有關部門和參加合作醫療的農民代表組成的農村合作醫療管理委員會，負責有關組織、協調、管理和指導工作。經辦機構的人員和工作經費

列入同級財政預算，不得從農村合作醫療基金中提取。

(2) 籌資標準。新型農村合作醫療制度實行個人繳費、集體扶持和政府資助相結合的籌資機制。農民個人每年的繳費標準不應低於 10 元，經濟條件好的地區可相應提高繳費標準。有條件的鄉村集體經濟組織應對本地新型農村合作醫療制度給予適當扶持，鼓勵社會團體和個人資助新型農村合作醫療制度。地方財政每年對參加新型農村合作醫療的農民的資助不低於人均 10 元，具體補助標準和分級負擔比例由省級人民政府確定。經濟較發達的東部地區，地方各級財政可適當增加投入。從 2003 年起，中央財政每年通過專項轉移支付對中西部地區除市區以外的參加新型農村合作醫療的農民按人均 10 元安排補助資金。

(3) 基金管理。農村合作醫療基金是由農民自願繳納、集體扶持、政府資助的民辦公助社會性資金，要按照以收定支、收支平衡和公開、公平、公正的原則進行管理，必須專款專用、專戶儲存，不得擠占挪用。農村合作醫療基金主要補助參加新型合作醫療農民的大額醫療費用或住院醫療費用。有條件的地方，可實行大額醫療費用補助與小額醫療費用補助結合的辦法，既提高抗風險能力又兼顧農民受益面。

(4) 醫療服務管理。加強農村衛生服務網路建設，強化對農村醫療衛生機構的行業管理，積極推進農村醫療衛生體制改革，不斷提高醫療衛生服務能力和水平，使農民得到較好的醫療服務。各地區要根據情況，在農村衛生機構中擇優選擇農村合作醫療的服務機構，並加強監管力度，實行動態管理。要完善並落實各種診療規範和管理制度，保證服務質量，提高服務效率，控製醫療費用。

6.3.4 城鎮居民基本醫療保險制度

2007 年 7 月，國務院發布《關於開展城鎮居民基本醫療保險試點的指導意見》，中國城鎮居民基本醫療保險試點工作全面展開。計劃於 2010 年在全國全面推開，逐步覆蓋全體城鎮非從業居民。

城鎮居民基本醫療保險保障對象包括：不屬於城鎮職工基本醫療保險制度覆蓋範圍的中小學階段的學生（包括職業高中、中專、技校學生）、少年兒童和其他非從業城鎮居民都可自願參加城鎮居民基本醫療保險。這意味著中國醫療保險制度最後一塊空白被填補，實現基本建立覆蓋城鄉全體居民的醫療保障體系的目標。

1. 制度實施目標和原則

現行的城鎮居民基本醫療保險制度實質上是一種社區醫療保險模式，目的是要通過試點，探索和完善城鎮居民基本醫療保險的政策體系，形成合理的籌資機制、健全的管理體制和規範的運行機制，逐步建立以大病統籌為主的城鎮居民基本醫療保險制度。制度實施應遵循以下原則：

(1) 保障水平與經濟發展相適應。試點工作要堅持低水平起步，根據經濟發展水平和各方面承受能力，合理確定籌資水平和保障標準，重點保障城鎮非從業居民的大病醫療需求，逐步提高保障水平。

(2) 自願原則。堅持自願原則，充分尊重群眾意願。

(3) 實行屬地管理。明確中央和地方政府的責任，中央確定基本原則和主要政策，

地方制訂具體辦法，對參保居民實行屬地管理。

（4）統籌協調。堅持統籌協調，做好各類醫療保障制度之間基本政策、標準和管理措施等的銜接。

2. 基金籌集與支付

（1）繳費和補助。城鎮居民基本醫療保險以家庭繳費為主，政府給予適當補助。參保居民按規定繳納基本醫療保險費，享受相應的醫療保險待遇，有條件的用人單位可以對職工家屬參保繳費給予補助。國家對個人繳費和單位補助資金制定稅收鼓勵政策。

（2）費用支付。城鎮居民基本醫療保險基金重點用於參保居民的住院和門診大病醫療支出，有條件的地區可以逐步試行門診醫療費用統籌。城鎮居民基本醫療保險基金的使用要堅持以收定支、收支平衡、略有結餘的原則。要合理制定城鎮居民基本醫療保險基金起付標準、支付比例和最高支付限額，完善支付辦法，合理控制醫療費用。探索適合困難城鎮非從業居民經濟承受能力的醫療服務和費用支付辦法，減輕他們的醫療費用負擔。城鎮居民基本醫療保險基金用於支付規定範圍內的醫療費用，其他費用可以通過補充醫療保險、商業健康保險、醫療救助和社會慈善捐助等方式解決。

3. 基金管理

要將城鎮居民基本醫療保險基金納入社會保障基金財政專戶統一管理，單獨列帳。試點城市要按照社會保險基金管理等有關規定，嚴格執行財務制度，加強對基本醫療保險基金的管理和監督，探索建立健全基金的風險防範和調劑機制，確保基金安全。

4. 相關改革

（1）繼續完善各項醫療保障制度。進一步完善城鎮職工基本醫療保險制度，採取有效措施將混合所有制、非公有制經濟組織從業人員以及靈活就業人員納入城鎮職工基本醫療保險；大力推進進城務工的農民工參加城鎮職工基本醫療保險，重點解決大病統籌問題；繼續著力解決國有困難企業、關閉破產企業等職工和退休人員的醫療保障問題；鼓勵勞動年齡內有勞動能力的城鎮居民，以多種方式就業並參加城鎮職工基本醫療保險；進一步規範現行城鎮職工基本醫療保險的支付政策，強化醫療服務管理。加快實施新型農村合作醫療制度；進一步完善城市和農村醫療救助制度；完善多層次醫療保障體系，搞好各項醫療保障制度的銜接。

（2）協同推進醫療衛生體制和藥品生產流通體制改革。根據深化醫藥衛生體制改革的總體要求，統籌協調醫療衛生、藥品生產流通和醫療保障體系的改革和制度銜接，充分發揮醫療保障體系在籌集醫療資金、提高醫療質量和控製醫療費用等方面的作用；進一步轉變政府職能，加強區域衛生規劃，健全醫療服務體系；建立健全衛生行業標準體系，加強對醫療服務和藥品市場的監管；規範醫療服務行為，逐步建立和完善臨床操作規範、臨床診療指南、臨床用藥規範和出入院標準等技術標準；加快城市社區衛生服務體系建設，充分發揮社區衛生服務和中醫藥服務在醫療服務中的作用，有條件的地區可探索實行參保居民分級醫療的辦法。

6.3.5 大病醫療保險

大病醫療保險是對城鄉居民因患大病發生的高額醫療費用給予報銷，目的是解決群眾反應強烈的「因病致貧、因病返貧」問題，使絕大部分人不會再因為疾病陷入經濟困境。2012 年 8 月 30 日，國家發展和改革委、衛生部、財政部、人社部、民政部、保險監督管理委員會等六部委發布《關於開展城鄉居民大病保險工作的指導意見》，明確針對城鎮居民醫保、新農合參保（合）人大病負擔重的情況，引入市場機制，建立大病保險制度，減輕城鄉居民的大病負擔，大病醫保報銷比例不低於 50%。

1. 基本原則

（1）堅持以人為本，統籌安排。把維護人民群眾健康權益放在首位，切實解決人民群眾因病致貧、因病返貧的突出問題。充分發揮基本醫療保險、大病保險與重特大疾病醫療救助等的協同互補作用，加強制度之間的銜接，形成合力。

（2）堅持政府主導，專業運作。政府負責基本政策制定、組織協調、籌資管理，並加強監管指導。利用商業保險機構的專業優勢，支持商業保險機構承辦大病保險，發揮市場機制作用，提高大病保險的運行效率、服務水平和質量。

（3）堅持責任共擔，持續發展。大病保險保障水平要與經濟社會發展、醫療消費及承受能力相適應。強化社會互助共濟的意識和作用，形成政府、個人和保險機構共同分擔大病風險的機制。強化當年收支平衡的原則，合理測算，穩妥起步，規範運作，保障資金安全，實現可持續發展。

（4）堅持因地制宜，機制創新。各省、區、市以及新疆生產建設兵團在國家確定的原則下，結合當地實際，制定開展大病保險的具體方案。鼓勵地方不斷探索創新，完善大病保險承辦准入、退出和監管制度，完善支付制度，引導合理診療，建立大病保險長期穩健運行的長效機制。

2. 籌資機制

（1）籌資標準。各地結合當地經濟社會發展水平、醫療保險籌資能力、患大病發生高額醫療費用的情況、基本醫療保險補償水平以及大病保險保障水平等因素，精細測算，科學合理確定大病保險的籌資標準。

（2）資金來源。從城鎮居民醫保基金、新農合基金中劃出一定比例或額度作為大病保險資金。城鎮居民醫保和新農合基金有結餘的地區，利用結餘籌集大病保險資金；結餘不足或沒有結餘的地區，在城鎮居民醫保、新農合年度提高籌資時統籌解決資金來源，逐步完善城鎮居民醫保、新農合多渠道籌資機制。

（3）統籌層次和範圍。開展大病保險可以市（地）級統籌，也可以探索全省（區、市）統一政策，統一組織實施，提高抗風險能力。有條件的地方可以探索建立覆蓋職工、城鎮居民、農村居民的統一的大病保險制度。

3. 保障內容

（1）資金來源。從城鎮居民醫保基金、新農合基金中劃出，不再額外增加群眾個人繳費負擔。

（2）保障標準。患者以年度計的高額醫療費用，超過當地上一年度城鎮居民年人

均可支配收入、農村居民年人均純收入為判斷標準，具體金額由地方政府確定。

（3）保障範圍。大病保險的保障範圍要與城鎮居民醫保、新農合相銜接。城鎮居民醫保、新農合應按政策規定提供基本醫療保障。在此基礎上，大病保險主要在參保（合）人患大病發生高額醫療費用的情況下，對城鎮居民醫保、新農合補償後需個人負擔的合規醫療費用給予保障。高額醫療費用以個人年度累計負擔的合規醫療費用超過當地統計部門公布的上一年度城鎮居民年人均可支配收入、農村居民年人均純收入為判定標準，具體金額由地方政府確定。合規醫療費用是指實際發生的、合理的醫療費用（可規定不予支付的事項），具體由地方政府確定。

（4）保障水平。以力爭避免城鄉居民發生家庭災難性醫療支出為目標，合理確定大病保險補償政策，實際支付比例不低於50%；按醫療費用高低分段制定支付比例，原則上醫療費用越高支付比例越高。隨著籌資、管理和保障水平的不斷提高，逐步提高大病報銷比例，最大限度地減輕個人醫療費用負擔。做好基本醫療保險、大病保險與重特大疾病醫療救助的銜接，建立大病信息通報制度，及時掌握大病患者醫保支付情況，強化政策連動，切實避免因病致貧、因病返貧問題。

7　生育保險

隨著社會經濟的發展和人類文明的進步，在婦女生育期間為其提供生活保障和醫療保健成為各國政府的一項重要職責，生育保險因而建立並得到快速發展。生育保險是社會保障體系的重要組成部分，但由於國情不同，世界各國的生育保險必然存在一定的差異。

7.1　生育保險概述

7.1.1　生育保險的含義

生育保險（Maternity Insurance）是國家通過立法籌措一定的基金，對生育子女期間暫時喪失勞動力的職業婦女給予一定的經濟和物質補償，保障其生活、工作和健康權利的一種社會保險制度。

這一概念的界定包括三層含義：第一，生育保險一般被用來幫助法定範圍內的勞動者因生育而導致的兩個方面的經濟風險，一是懷孕、生產、哺乳期間的醫護費用，二是產假和哺育假期間的經濟來源；第二，生育保險因人口政策的不同而表現出極大的差異，有的鼓勵生育，有的控制生育，但都以保證勞動者不致因生育而不能保障基本生活需求為限；第三，生育保險是以社會保險為手段來達到保險目的，但大多數是將婦女作為直接受益者。

7.1.2　生育保險的特點

第一，保險對象主要是女職工。生育保險主要是對生育期間的婦女給予經濟和物質幫助，因而享受產假、生育津貼、醫療服務補償以育齡婦女為主體。隨著社會經濟的發展和文明程度的提高，生育保險的保障對象已經從婦女本人擴大到生育婦女的配偶，從職業婦女擴大到非職業婦女。有些國家和地區給予其配偶一定假期，而其工資待遇照舊。

第二，各國保險待遇享受條件不一致。有些國家要求享受者有參保記錄、工作年限、本國公民身分等方面的證明。中國生育保險要求享受對象必須是合法婚姻者，即必須符合法定結婚年齡、按婚姻法規定辦理了合法手續，並符合國家計劃生育政策等。

第三，保險待遇水平高於其他社會保險。生育保險的目的不僅是對生育期間婦女的經濟損失和醫療費用進行補償，而且是針對生育婦女採取的一系列保健措施，有利

於人類的延續和提高下一代的素質。生育保險具有較濃厚的福利色彩，與國家的人口政策密切相關，因此其待遇水平一般比其他社會保險高。

第四，醫療待遇範圍主要是生育醫療費用。正常生育過程一般不需要複雜的醫療技術，同時產前和產後的醫療照顧帶有保健性質，因此生育醫療費用相對較低且較為穩定，大多數國家的生育保險採取了定額付費方式。

第五，保險期限範圍涉及生育事件前後。生育保險待遇實行產前、產後享受的原則，也就是生育保險的時間期限覆蓋了生育事件發生前後。這是因為懷孕婦女產前生理的變化導致行動不便，產後的婦女需要身體康復和照料嬰兒的時間，這期間的經濟和物質支持更為重要。其他社會保險項目發生作用是在相應事件發生之後。例如，失業保險是在失業發生之後才提供失業津貼，醫療保險是在疾病發生之後才提供醫療費用補償，工傷和養老保險也是如此。

7.1.3 生育保險的作用

1. 實行生育保險是對女職工基本生活的保障

女職工在生育期間離開工作崗位，不能正常工作。國家通過制定相關政策保障她們離開工作崗位期間享受有關待遇，在生活保障和健康保障兩方面為孕婦的順利分娩創造了有利條件。

2. 實行生育保險是提高人口素質的需要

婦女生育體力消耗大，需要充分休息和補充營養。生育保險為她們提供了生育保險津貼，使她們的生活水平沒有因為離開工作崗位而降低，同時為她們提供醫療服務項目，包括產期檢查、圍產期保健指導等，對胎兒的生長情況進行監測。對於在妊娠期間患病或接觸有毒有害物質的婦女，做必要的檢查；對於在孕期出現異常現象的婦女，進行重點保護和治療，以達到保護胎兒正常生長、提高人口質量的作用。

3. 實行生育保險有助於保證國家人口政策的貫徹實施

目前，一些發達國家出生率很低，人口出現了負增長。為了保持人口數量的穩定，許多國家制定了一系列鼓勵生育的政策，其中包括生育保險政策。生育保險要求符合特定時期的人口政策的生育才能享受生育保險待遇，這樣有利於職工提高生育質量，促進人口政策的貫徹實施。

7.1.4 生育保險的發展歷程

1883年，德國在其頒布的《德國勞工基本保險法》中針對女性生育問題做了一些制度性規定，這也是世界上關於生育保險最早的制度性規定。同年頒布的《疾病社會保險法》中也納入了生育保險的有關內容，但是當時只是作為疾病保險的一部分實施，生育保險基金發放也僅限於女性被保險人。繼德國將生育保險納入社會保險法規體系中，女性生育問題進一步引起了世界各國的重視。19世紀末20世紀初，許多國家陸續制定了對婦女勞動者在生育期間的保障措施。義大利政府於1912年頒布獨立的《生育保險法》，這也是世界上第一部獨立的生育保險法。

1919年，第一屆國際勞工大會上通過的《生育保護公約》（第3號公約）是最早

的生育保險國際公約。該公約第一次對生育保險做出一些通用性的國際規範,規定了受保護的婦女生育方面的權利。國際勞工組織於 1952 年討論通過了《社會保障最低標準公約》(第 102 號公約),對生育補助金做了專門的規定,主要內容包括:產假、生育津貼、醫療津貼;產期健康保護,禁止妊娠或哺乳婦女從事夜間工作和加班;就業權利保護;生育期間,婦女有權一次或數次中斷工作哺乳嬰兒,具體時間由集體協商決定;為母親和嬰幼兒提供哺乳室或托兒所等設施;禁止解雇產假期間的婦女,並賦予生育婦女產假期間的工齡權及產假結束後恢復其原工作、原工資的權利。

2000 年,國際勞工組織為進一步保證勞動力中的所有婦女的平等權和母子的健康及安全,通過了《保護生育公約》(第 183 號公約)和《保護生育建議書》(第 191 號建議書),擴大了生育保護的覆蓋面,更加明確地捍衛了生育婦女的權益。

各國實行的生育保險制度雖然在內容、形式和標準上有所不同,但一般都採用國家立法來確立生育保險的性質、地位、作用和運行機制。到 2008 年,在建立了社會保險體系的 165 個國家和地區中,有 135 個建立了生育保險制度。

7.2 生育保險制度

7.2.1 生育保險制度的類型

1. 實行社會保險制度的國家

實行社會保險制度的國家也稱實行參保制的國家,其主要做法包括:通過立法規定個人、雇主、政府對疾病、生育保險基金的籌資比例(不一定都是三方負擔),建立統一的基金,由基金支付覆蓋群體的生育或醫療費用。這種制度一般覆蓋所有或部分雇員。實行社會保險制度的國家有美國、德國、芬蘭、巴西等 91 個國家。

2. 實行福利制度的國家

實行福利制度的國家也稱實行強制性保險和普遍醫療保健相結合的制度的國家,其主要特徵包括:不以參保作為享受生育保險待遇的前提;本國所有雇員均可以享受疾病或生育津貼,所有常住居民可以免費或負擔很少的費用享受醫療保健;享受生育津貼的人員,必須在生育前有一定時間的參保或就業記錄;享受醫療保健的人員只要求是本國常住居民;新西蘭等國政府規定,只要符合國家公民資格和財產調查手續的婦女,一般都能享受生育保險待遇。這種制度一般在經濟條件比較好的國家實施,如加拿大、瑞士、丹麥、澳大利亞、新西蘭等 20 個國家。

3. 實行雇主責任制的國家

生育費用由企業雇主或職工所在單位負擔,不要求有繳費記錄。這種制度所占的比例比較小,一般在經濟尚不發達的國家採用,如蘇聯、利比亞、馬耳他等 8 個國家。

4. 其他保障類型

其他保障類型主要為儲蓄基金制度、全民保險制度、社會保險和私人保險制度相結合的制度。

實施這幾種制度的國家所占的比例很小，只有 5 個。例如，儲蓄基金制度只在新加坡、尼日利亞、讚比亞 3 個國家實施；實施全民保險制度的國家只有冰島，該制度覆蓋全體居民；實行社會保險和私人保險相結合制度的僅秘魯一個國家，該國的保險制度正處於新舊制度變革之中。

7.2.2 生育保險基金的籌集與管理

1. 生育保險基金來源

世界上大多數國家沒有單列生育保險，在管理上往往將生育保險和醫療保險融為一體，合併收費，只有少數國家有單獨的生育保險繳費。因此，這裡所說的生育保險資金來源是指包括生育保險繳費在內的多險種合併繳費。生育保險基金來源主要有以下幾種：

第一，由政府、雇主和受保人三方共同負擔。歐洲和亞洲的大多數國家都採用這種方式，如歐洲的奧地利、比利時、德國、法國、芬蘭等國家，亞洲的日本、韓國、印度和泰國等國家。

第二，由雇主和政府共同負擔，如丹麥、義大利、英國、菲律賓等國家。

第三，由雇主和受保人共同負擔，如巴基斯坦等國家。

第四，由雇主全部負擔，如新加坡、瑞典和印度尼西亞等國家。

2. 生育保險制度的支付條件

生育保險同其他社會保險項目一樣，需要具備一定的支付條件。但是，由於世界各國社會保險的模式不同，其生育保險支付條件也是不同的。

第一，要求享受生育保險待遇者必須事先定期、如數繳納生育保險費，且必須繳足法定時間。例如，墨西哥規定，被保險人生育前 12 個月內必須已經繳納 30 周保險費才能享受生育保險。

第二，以投保年期或工作期限為條件，即被保險人必須在產前達到投保所規定的時間，或者從事工作若干期限，方有獲得生育保險待遇的資格。例如，法國規定，產後可以得到 10 個月保障，且在這年之前 12 個月的前 3 個月內受雇 200 小時，或者繳納 6 個月的保險費，才有資格享受生育保險待遇。

第三，只對居住年限有一定的要求。例如，盧森堡規定，受益人必須在該國居住 12 個月，夫妻兩人必須在該國居住 3 年，才能享受生育保險的待遇。

第四，沒有任何限制條件就可以享受生育保險待遇。例如，澳大利亞、新西蘭等國規定，只要符合國家公民資格和財產調查手續的婦女，均可享受生育保險待遇。

第五，不要求個人投保，只對單位職工實行生育保險。在實行社會保險統籌的國家中，一些國家不要求女職工在生育之前投保，但僅對部分單位的女職工提供生育保險，不要求女職工在生育之前履行投保義務，如蘇聯、中國。1994 年 12 月 14 日，中國勞動部頒布的《企業職工生育保險試行辦法》規定，企業向社會保險機構繳納不超過本企業工資總額 1% 的生育保險費用，國家則採取稅前列支的辦法間接資助，生育保險費用由企業來負擔。

7.2.3 生育保險的待遇

由於各國政治經濟發展及風俗習慣的差異,生育保險待遇水平存在較大差別。一般來說,經濟發展水平高的國家,女職工所享受的生育保險待遇高一些。從整體上看,歐洲國家女職工享受的生育保險待遇普遍高於亞洲、非洲、南美洲國家的女職工。但這種區別也不完全取決於經濟發達的程度,同時還取決於該國政府的社會保險政策。

1. 生育醫療服務

生育醫療服務是提供孕期、分娩和產後所需要的各種檢查、諮詢、助產、住院、護理、醫藥等一系列的醫療保健和治療服務。生育醫療服務是生育保險待遇之一,主要包括早孕保健、產前檢查、高危妊娠篩檢、監護、管理、產時保健、新生兒保健、產褥期保健、計劃生育手術服務、流產醫療服務、生育引起疾病的診斷和診療等。大多數國家為女職工提供從懷孕到產後的醫療保健及治療。中國生育保險醫療服務項目主要包括檢查、接生、手術、住院、藥品、計劃生育手術費用等。

2. 生育假期(產假)

生育假期指職業女性在分娩前後的一定時間內所享受的帶薪假期。生育假期不僅包括生育休假、懷孕假期和產後照顧嬰兒的假期,而且包括做過流產和節育的婦女休息的假期。

生育假期的主要作用是使女職工在生育時期得到適當的休息,增進、保護產婦身體健康,逐步恢復工作能力及其料理個人生活的能力,並使嬰兒得到母親的精心照顧和哺育。

2000年,國際勞工組織通過的《生育保護公約》規定,生育假期為14周,並規定產前和產後都有假期。目前,絕大多數國家都接受了國際勞工組織的這一建議。如德國規定生育假期為32周。法國規定,生育第1個或第2個子女,產前6周、產後10周;生育第3個子女,產前18周、產後18周;難產時,產前另外支付2周;多胎生育的女職工則要另外支付2~12周。只有少數國家規定的生育假期相對短些。例如,菲律賓為45天,利比亞為50天。

3. 生育津貼

生育津貼又稱生育現金補助,是對職業婦女生育期間工資收入損失依法給予的現金補償。生育津貼是為了彌補女職工生育期間工資收入的損失,維護中斷勞動收入的生育婦女的基本生活。

生育津貼的享受者一般是生育女職工,有的國家也包括女職工的配偶。一些國家還可以將生育津貼給予其他受益人。例如,瑞典、芬蘭、丹麥等國規定,產婦返回工作崗位,生育津貼可支付給在家照料嬰兒的有職業的父親。

生育津貼是對生育婦女的收入補償,這種收入補償應該足以維持產婦和產兒的身體健康,因而生育保險是一切社會保險中給付水平最高的。生育津貼支付的標準一般按收入的百分比進行計算。從原則上來講,生育津貼支付標準應和維持產假期間的生活相適應。國際勞工組織的《生育保護公約》建議,生育津貼為原工資收入的2/3;很多國家的補償原則是不低於生育前的工資水平,或為原工資的100%。生育津貼的支付

期限一般與產假的期限一致，但基本上是逐步延長的趨勢。

4. 育兒假和育兒津貼

育兒假只在少數國家實行，它是規定嬰兒的母親或父親可以在休滿產假後增加一段休假照顧嬰兒。各國育兒假期從 6 個月到 3 年不等，育兒假期間發放適當津貼，有些國家稱為母親工資或父親工資，其標準低於生育津貼。

5. 其他待遇

其他待遇是指除上述費用以外的其他生育社會保險待遇，主要包括子女補助費、難產補助和假期、男職工之妻（無工作）的生育補助等。

7.3　中國生育保險制度

7.3.1　中國生育保險制度的建立與發展

中國有專門的生育保險制度，這一制度沒有與醫療保險制度合而為一。生育保險以它特殊的功能，「一手托兩命」，歷來受到政府的高度重視。半個世紀以來，中國的生育保險從無到有並隨著社會經濟的發展和社會保險的改革不斷調整完善。

1951 年，政務院頒布《中華人民共和國勞動保險條例》，對企業女職工生育保險進行了規定。1953 年，政務院對《中華人民共和國勞動保險條例》進行修正，勞動部同時制定了《勞動保險條例實施細則》，增加了生育保險待遇內容，調整和提高了保險待遇水平，生育補助改為現金支付，男工人或男職員之妻生育時發給生育補助。

機關、事業單位女性工作人員的生育保險制度是獨立的。1952 年 6 月 27 日，政務院發布《關於全國各級人民政府、黨派、團體及所屬事業單位的國家工作人員實行公費醫療的指示》，將女性工作人員的生育費用納入公費醫療。

1994 年 12 月，勞動部頒發的《企業職工生育保險試行辦法》中規定：本辦法適用城鎮企業及其職工。生育保險按屬地原則組織，生育保險費用實行社會統籌。

2007 年，衛生部等下發《關於完善新型農村合作醫療統籌補償方案的指導意見》規定，對參合孕產婦計劃內住院分娩給予適當補償，明確了將生育醫療費用納入新農保的支付範圍。

2009 年，人社部下發《關於妥善解決城鎮居民生育醫療費用的通知》，要求各地要將城鎮居民基本醫療保險參保人員住院分娩發生的符合規定的醫藥費納入城鎮居民基本醫療保險基金支付範圍。開展門診統籌的地區，可將參保居民符合規定的產前檢查費用納入支付範圍。

為了更好地對女職工進行勞動保護，國務院於 2012 年 4 月頒布實施《女職工勞動保護特別規定》。將女職工的生育假期延長至 98 天，並對生育津貼標準和女職工勞動保護措施進行了調整。

人社部發布了《生育保險辦法（徵求意見稿）》，從 2012 年 11 月 20 日起面向社會公開徵求意見。意見稿明確指出，生育險待遇將不再限戶籍，單位不繳生育險須支

付生育費。

7.3.2 中國生育保險制度的主要內容

中國現行的生育保險制度是在新中國成立初確立的基礎上經過不斷調整和改革形成的，其法律依據主要有《生育保險辦法》《中華人民共和國社會保險法》和《女職工勞動保護特別規定》。

1. 生育保險制度覆蓋範圍

生育保險覆蓋範圍包括中華人民共和國境內的一切國家機關、人民團體、企事業單位的職工。2010年10月28日通過的《中華人民共和國社會保險法》規定，職工未就業配偶按照國家規定享受生育醫療費用待遇，所需資金從生育保險基金中支付。

2. 生育保險基金籌集

第一，基金來源。生育保險根據「以支定收，收支基本平衡」的原則籌集資金。由企業按照其工資總額的一定比例向社會保險經辦機構繳納生育保險費，建立生育保險基金。生育保險費的提取比例由當地人民政府根據計劃內生育人數和生育津貼、生育醫療費等項費用確定，並可根據費用支出情況適時調整，但最高不得超過工資總額的百分之一。企業繳納的生育保險費作為期間費用處理，列入企業管理費用，職工個人不繳納生育保險費。

第二，籌資模式。生育保險按屬地原則組織，生育保險費用實行社會統籌。

3. 生育保險制度的資格條件

生育保險作為一項社會保險制度，只適用於達到法定婚齡的已婚女性勞動者，並且還必須符合和服從國家計劃生育的規定。不符合法定年齡的已婚女性勞動者的生育和不符合或不服從國家計劃生育規定的生育，都不能享受生育保險待遇。

按照權利與義務對等的原則，參保單位女職工享受生育保險待遇，所在單位必須按時足額繳納生育保險費。在欠費期間發生的生育保險費用不予從保險基金中支付，待所在單位足額補繳後方可辦理結算。

4. 生育保險待遇

第一，產假。女職工生育享受98天產假，其中產前可以休假15天，難產的產假增加15天；生育多胞胎的，每多生育1個嬰兒，產假增加15天。女職工懷孕未滿4個月流產的，允準15天產假；懷孕滿4個月流產的，允準42天產假。很多地區還採取了對晚婚晚育的職工給予延長產假的獎勵政策。

第二，生育醫療費用。生育醫療費用包括下列各項：懷孕和生育期間的醫療費用，計劃生育的醫療費用，法律、法規規定的其他項目費用。女職工生育或者流產的醫療費用，按照生育保險規定的項目和標準，對已經參加生育保險的，由生育保險基金支付；對未參加生育保險的，由用人單位支付。

第三，生育津貼。對已經參加生育保險的，按照用人單位上年度職工月平均工資的標準由生育保險基金支付；對未參加生育保險的，按照女職工產假前工資的標準由用人單位支付。還有的地區對參加生育保險的企業中男職工的配偶給予一次性津貼補助。

第四，勞動保護制度。用人單位應當遵守女職工禁忌從事的勞動範圍的規定。用人單位應當將本單位屬於女職工禁忌從事的勞動範圍的崗位書面告知女職工。相關部門根據經濟社會發展情況，對女職工禁忌從事的勞動範圍進行了調整。

8 失業保險

由於市場經濟的影響,社會必然存在失業的情況。這一客觀事實的存在,促使了失業保險的產生和發展。因此,失業保險的建立必須以客觀存在的失業事實為依據,並且能夠減輕勞動者失業帶來的經濟損失。失業保險制度的建立能夠起到保障失業勞動者的經濟損失、促進勞動者再次就業、維護社會穩定等作用。

8.1 現代經濟中的失業風險及其處置

8.1.1 失業的概念

失業是相對於就業而言的,是勞動者和生產資料相分離的狀態,指的是達到法定勞動年齡、具有勞動能力的勞動者,有從事勞動的意願,但是由於某些原因,與生產資料相分離,不能夠創造社會價值或者勞動收入的狀態。在社會高度組織化、勞動社會化的社會經濟環境之中,失業同時意味著失去了參與社會經濟活動、獲得社會歸屬感的最重要機會。因此,失業的本質是指在一定的社會經濟條件下,在勞動年齡之內有勞動能力和勞動願望的人沒有得到以特定的方式參與社會勞動,從而使自己的物質需求和精神需求獲得滿足的社會機會的現象。

失業者指的是在市場經濟條件下,在勞動年齡之內,有勞功能力,希望得到而沒能得到或者是失去了從事有報酬的生產經營活動或其他非生產性經營性工作機會的人。失業者不包括排除在就業者範圍以外的人,如已經退休的人或者在法定勞動年齡下限以外的人、失去勞動能力的人、被刑法機構監禁的人。失業者不包括自願放棄勞動或工作機會的人。

8.1.2 失業的類型

從宏觀上來看,失業是指社會勞動力的供給與需求在總量上或者結構上失衡,從而造成一些社會成員沒有工作崗位的現象。從微觀上來看,失業是指勞動力市場上的一些人因為缺乏競爭力,沒有找到工作或者被雇主辭退。因此,失業是社會因素和個人原因綜合作用的結果。它體現了市場經濟中資源的優化配置,也體現了由於生產力的提高對勞動力產生的替代效應。

按照不同的劃分標準,可以將失業劃分為以下類型:

第一,按照失業的意願可以分為自願失業和非自願性失業。自願失業是指工人所

要求的實際工資越過了邊際生產率，或者說不願意接受現行的工作條件和收入水平而未被雇用造成的失業。這種失業是勞動者主觀不願意就業造成的，因此被稱為自願失業，它無法通過經濟手段和政策來消除，不是經濟學所研究的範圍。非自願失業是指有勞動能力、願意接受現行工資水平但仍然找不到工作的現象。這種失業是客觀原因造成的，可以通過經濟手段和政策來消除，經濟學中所講的失業是指非自願失業。

第二，根據不同的失業原因可以分為摩擦性失業、季節性失業、結構性失業和週期性失業。

1. 摩擦性失業

摩擦性失業是指生產過程中難以避免的，由轉換職業等而造成的短期、局部失業，這種失業的性質是過渡性的或短期性的。它通常起源於勞動的供給一方，因此被看作是一種求職性失業，即一方面存在職位空缺，另一方面存在著與此數量對應的尋找工作的失業者。這是因為勞動力市場信息的不完備，廠商找到所需雇員和失業者找到合適工作都需要花費一定的時間。從經濟和社會發展的角度來看，這種失業的存在是正常的。

2. 季節性失業

季節性失業是由消費者對一些商品和服務的季行性需求造成的，即消費者對這些商品和服務的需求是季節性變化的。這是一種正常性的失業，它通過影響產業的生產或某些消費的需求而影響對勞動力的需求。

3. 結構性失業

結構性失業是指勞動力的供給和需求不匹配所造成的失業，其特點是既有失業，也有職位空缺，失業者或者沒有合適的技能，或者居住地點不當，因此無法填補現有的職位空缺。結構性失業在性質上是長期的，而且通常起源於勞動力的需求方。結構性失業是由經濟變化導致的，這些經濟變化引起特定市場和區域中的特定類型勞動力的需求相對低於其供給。

4. 週期性失業

週期性失業是指經濟週期中的衰退期或蕭條期時，因社會總需求下降而造成的失業。當經濟發展處於一個週期中的衰退期時，社會總需求不足，因而廠商的生產規模縮小，從而導致較為普遍的失業現象。週期性失業對於不同行業的影響是不同的。一般來說，需求的收入彈性越大的行業，週期性失業的影響越嚴重。

8.1.3 失業的消極影響

失業會造成勞動力資源浪費和社會損失，失業就是勞動力資源的閒置。而勞動力資源具有即時性，不能利用的勞動力資源不能下移至下期使用，本期勞動力資源的閒置導致這部分勞動力資源的永久性浪費。失業不但使失業者及其家屬的收入和消費水平下降，而且會給失業者造成巨大的心理創傷，影響社會穩定。高失業率往往會導致高犯罪率和社會動亂。

1. 失業對個人的影響

從個人心理層面來講，失業者往往會產生消極沮喪、仇視社會的心理。如果缺乏適當的情緒管理機制，容易產生自怨情緒或者抱怨社會等症狀，嚴重者可能會產生搶劫、殺人等犯罪行為。失業的時間越長，抑鬱情緒會越嚴重。國外流行病學研究結果認為，失業者身心健康狀況普遍較差，患病率和總死亡率也明顯高於就業人群。

2. 失業對家庭的影響

失業對家庭的首要影響是喪失穩定的工作收入。如果失業者沒有足夠的積蓄，家庭其他成員沒有就業收入，那麼家庭經濟將迅速陷入困境。對於大多數勞動者來說，就業收入是唯一的收入來源，一旦失業，將難以維持生計。較幸運的失業者也許會收到雇主的解雇金或者政府提供的失業給付、失業救濟、失業福利等，但是低於就業收入而且僅能短期救急。

3. 失業對社會的影響

失業的社會影響雖然難以估計和衡量，但它最容易被人們感受到。失業威脅著社會單位和經濟單位的家庭的穩定。家庭的要求和需要得不到滿足，家庭關係將因此受到損害。西方有關的心理學研究表明，解雇造成的創傷不亞於親友的去世或學業上的失敗。此外，家庭之外的人際關係也會受到失業的嚴重影響。

4. 失業對經濟的影響

失業的經濟影響可以用機會成本的概念來理解。當失業率上升時，經濟中本可以由失業工人生產出來的產品和勞務就損失了。衰退期間的損失，就好像是將眾多的汽車、房屋、衣物和其他物品都銷毀掉了。從產出核算的角度看，失業者的收入總損失等於生產的損失。因此，喪失的產量是計量週期性失業損失的主要尺度，因為它表明經濟處於非充分就業狀態。20 世紀 60 年代，美國經濟學家奧肯根據美國的數據，提出了經濟週期中失業變動與產出變動的經驗關係，被稱為奧肯定律。

8.1.4 處置失業風險的辦法

失業是市場經濟不可避免的客觀產物。失業不僅僅影響失業者本身，還關係到失業者的家庭，進而影響整個社會的經濟政治。

各國處置失業的辦法概括起來可以分為兩種：

一是用增加就業量的方法來降低失業率。凱恩斯的「有效需求不足」理論認為，失業主要是由於有效需求不足，只要消除非自願性失業就能實現充分就業。凱恩斯認為有效需求不足是市場機制自發作用的必然產物，因此市場沒有自我調節的能力，必須依靠政府。政府採取一系列干預經濟的政策，用擴張政府需求的辦法來彌補私人有效需求不足，從而保持總需求和總供給之間的平衡。根據這一理論，我們發現增加就業量的辦法就是要提高經濟發展水平、完善勞動力供給市場、提高勞動力供給質量。經濟對就業量增長的拉動能力還取決於就業彈性系數。完善勞動力市場，建立供求雙方及時、有效的溝通渠道是減少摩擦性失業的重要手段。通過延長每個勞動者接受教育的年限、加強職業技能的培訓不僅可以提高勞動力的供給質量，而且還可以延緩勞動力的供給，起到調節勞動力供給數量的作用，進而延緩失業。

二是減輕失業給社會帶來的負面影響。如果促進經濟增長減少失業率是處置失業風險的主動選擇，那麼降低失業帶來的社會風險就是處置失業風險的一個被動選擇。建立失業救濟制度或者失業保險制度是減輕失業對社會帶來負面影響的一個重要手段。失業救濟制度是以家庭調查為實施依據，只有確認失業者無法維持生存時，才予以救助。失業保險制度是社會保險制度的一項基本內容，是失業勞動者的一項基本權利。依據保險學中的大數法則，建立失業保險基金，分散失業風險。失業保險在給失業者提供一定生活費的同時也為失業者提供技能培訓和職業介紹等。

8.2 失業保險概述

8.2.1 失業保險的含義

1. 失業保險的含義

失業保險是指國家通過立法強制實行的、由社會集中建立基金，對因失業而暫時中斷生活來源的勞動者在規定期限內提供物質幫助的制度。它是社會保障體系的重要組成部分，是社會保險的主要項目之一。這一概念的界定包括三層含義：第一，失業保險是針對勞動者階層而言的，失業是工薪勞動者在職業競爭中被淘汰，失業的後果都是使人生計斷絕。於是，當失業或破產的情況一旦發生，失業或破產保險就自動發生作用。第二，失業保險是幫助失業者或破產者在再次就業之前維持基本生活需求的，而且有法定時限。第三，失業保險是以社會保險為手段達到保障目的。

2. 失業保險的特點

（1）普遍性。它主要是為了保障有工資收入的勞動者失業後的基本生活而建立的，其覆蓋範圍包括勞動力隊伍中的大部分成員。分析中國失業保險適用範圍的變化情況，適用範圍呈逐步擴大的趨勢。《失業保險條例》覆蓋城鎮所有企業事業單位及其職工，充分體現了普遍性原則。

（2）強制性。它是通過國家制定法律法規來強制實施的。按照規定，在失業保險制度覆蓋範圍內的單位及其職工必須參加失業保險並履行繳費義務。根據有關規定，未履行繳費義務的單位和個人都應當承擔相應的法律責任。

（3）互濟性。失業保險金主要來源於社會籌集，由單位、個人和國家三方共同負擔，繳費比例、繳費方式相對穩定，籌集的失業保險金不分來源渠道，全部並入失業保險基金、在統籌地區內統一調度使用以發揮互濟功能。

8.2.2 失業保險制度的基本內容

1. 失業保險的覆蓋範圍

失業保險是為遭遇失業風險、收入暫時中斷的失業者設置的一道安全網，顯然，它的覆蓋範圍應包括社會經濟活動中的所有勞動者。目前，很多國家的失業社會保險覆蓋範圍逐步擴展到幾乎所有的工資勞動者。以美國為例，失業保險覆蓋面占勞動者

就業總人數的90%。

2. 失業保險的資金來源

（1）資金來源。失業保險基金由雇主和雇員繳納的失業保險費和政府的財政撥款構成。因此，基金一般來源於四個方面，即國家財政撥款、企業繳納的失業保險費、雇員繳納的失業保險費、基金的經營性收入。

失業保險費費用負擔方式可以劃分為以下幾種模式：

一是三方負擔模式。根據政府負擔的程度，該模式又分為三種：政府按一定比例承擔費用或納入政府財政預算管理，如日本；政府負擔某一方面費用，如法國、英國等；政府只在失業保險金入不敷出時給予補貼或者根據需要給予補貼，如中國、比利時、挪威。

二是雇主、雇員分擔模式。雇主負擔比例一般不低於雇員，但是也有少數國家雇員繳費比例高於雇主。

三是政府、雇主分擔模式，雇員不參與繳費。絕大多數國家政府只在非常情況下被動提供補貼或者補助，主動負擔一定比例或者某方面費用的國家極少，因而實際上是由雇主負擔費用，如美國、俄羅斯。

四是政府負擔模式。雇主和雇員都不參與繳費，由政府從公共基金中劃撥資金。實施這種模式的國家的失業保險制度一般是失業補助，如澳大利亞、新西蘭。

（2）籌資比例。任何保險都要遵循保險的基本原則——大數法則。在對事故發生頻率預測的基礎上確定籌資比例。但是失業風險不同於養老、醫療等其他社會保險，它受社會和經濟等不確定風險因素的影響，如經濟週期、企業制度、勞資關係等，失業率及其變化規律很難預測。因此，雖然失業基金也要有資金的累積，但是它不可能像養老保險那樣著眼於長期的資金平衡。失業率受經濟週期的影響明顯，失業保險又不可能以年度為單位進行資金累積，而是採取多年度的中期模式，根據經濟週期變化對籌資比例進行靈活調節。失業保險的繳費比例往往根據失業率的升降不斷地變化，以免失業基金收支不平衡。

3. 失業保險的待遇給付

（1）待遇領取條件。保險的對象是有勞動能力並有勞動願望但是無勞動機會的勞動者，參加了失業保險的勞動者領取失業保險金必須符合規定條件。各國的具體規定不同，一般而言，各國關於失業保險待遇的領取，通常要求符合以下條件：

第一，必須符合法定年齡要求。失業保險的對象限於勞動者，即只有符合法定勞動年齡，才有可能享受失業保險待遇。未達到勞動年齡以及已達到法定退休年齡的人都不在失業保險之列。例如，德國規定失業者必須是未滿65歲，法國規定必須未滿60歲。

第二，失業者必須是非自願失業。自願失業者不得享受失業保險，非自願失業包括週期性失業、季節性失業、結構性失業和摩擦性失業等。

第三，失業者必須滿足一定期限的要求。各國關於失業保險的類型不同，有實行強制性失業保險或非強制性失業保險的，還有實行雙重性失業保險或者儲蓄性失業保險的。失業者領取失業保險金要求的條件也就因此有所不同。

第四，失業者必須具有勞動能力和就業願望。失業保險對象是具有勞動能力和就業意願的失業者。如果勞動者已喪失勞動能力，則應享受工傷保險待遇或養老保險待遇，而不應享受失業保險待遇。此外，勞動者還要有就業意願，通常要求失業者在規定的期限內到職業介紹所或失業保險管理機構進行登記，要求重新就業；或者要求失業期間定期與失業保險機構聯繫，報告個人情況；還有的規定如拒絕失業保險機構安排就業的，停發失業救濟金。

（2）待遇標準。各國在確定失業津貼標準時，多根據經濟承受能力和基本生活需要而定。

第一，計算失業津貼主要有三種方法，即薪資比例制、均一制、薪資比例制與均一制混合使用。多數國家支付失業津貼按失業工人最近一個時期平均周工資的一定百分比計算，另有一些國家採取失業津貼一律按同一數額給付，而不考慮失業者過去工資的多少。

第二，失業津貼有上限和下限規定。一些國家對計算失業津貼的工資基數有最高限額規定，或對給付失業津貼數額有最高限額規定。失業津貼的下限參考最低生活標準制定，一般略高於貧困線水平。救濟保障最低生活需要與失業津貼保障基本生活需要的保障水平應有區別。

第三，失業津貼水平大都維持在失業者原工資的50%～75%。

第四，很多國家按繳費時間長短分別設立幾個檔次，繳費時間越長失業津貼標準越高。

第五，按失業前工資的一定比例給付失業津貼時，有的國家採用逆相關辦法。例如，日本規定，基本失業津貼按失業前工資的60%～80%給付，工資越低，適用的比例越高。

（3）失業津貼給付期。失業津貼給付期有兩方面的內容，即失業津貼給付期上限和給付失業津貼的等待期。

失業保險擔負保障基本生活和促進就業的雙重任務。規定失業津貼的給付期限，是為了發揮失業社會保險的整體作用，既保證暫時的生活，又強制再就業。確定失業津貼給付期限，應以使大多數失業者在重新就業前不過多地減少收入為原則。國際勞工組織第44號公約規定，無論是按收入的津貼還是補助，支付期應為每年至少156個工作日，在任何情況下，也不能少於78個工作日；據此確定的最低水平失業津貼至少支付13周；意外事故期間收入不超過限定條件的居民得到保護時，失業津貼在12個月中至少支付26周，各國規定的失業津貼給付期長短也不同。

8.2.3 失業保險制度的建立與發展

英國於1911年頒布《失業社會保險法》，標誌著世界上強制性失業社會保險制度的誕生。在此之前，19世紀中葉，歐洲各國工人就在工會的領導下成立了互助會，團結起來開展救濟失業、保障就業的活動。隨著工業化的發展，失業問題越來越嚴重，僅靠工友之間的互助互濟難以解決失業問題，失業工人生存艱難，勞動力生產和再生產遇到障礙，社會穩定受到威脅。由此，各國政府開始關注失業問題並在失業保險中

發揮作用。1901 年，比利時出現了政府資助的失業保險，即地方政府從地方財政中提供資助、工會互助會負責管理資金、自願參加的失業保險形式。之後，法國、挪威、丹麥三國也分別在 1905 年、1906 年和 1907 年立法建立了非強制性失業保險制度。英國立法將失業保險納入強制性社會保險體系之後，蘇格蘭、義大利、奧地利、瑞士、保加利亞、德國、西班牙等國紛紛效仿，陸續建立起強制失業社會保險制度。

據統計，1940 年，有 21 個國家和地區建有失業社會保險制度，1994 年增加到 44 個國家，其中歐洲有 25 個國家，亞洲有 6 個國家，拉美與加勒比地區有 6 個國家，非洲有 3 個國家，北美和澳洲各有 2 個國家。全世界享有失業保障的失業者僅占全體失業者的一小部分，並且主要分佈在發達國家，多數發展中國家受經濟承受能力的限制，沒有失業保障制度。大多數發達國家的失業社會保險制度建立在第二次世界大戰之前，發展中國家則在 20 世紀五六十年代建立，甚至更晚。為適應社會經濟的發展，很多國家的失業保險法規在 20 世紀七八十年代進行了修訂。

8.3　中國失業保險制度

8.3.1　中國失業保險制度的發展

改革開放前，中國實行的是傳統的計劃經濟體制。在這一體制下，各企業單位沒有自主的權利，個人也沒有自主擇業的權利，國家實行「統包統配，安置就業」和「鐵飯碗」政策，不存在失業現象。這種表面上的高就業率掩蓋了實際上的隱性失業，因為當時實行的是低工資、高就業的政策。直到 1986 年，為了配合國有企業改革，實行勞動合同制，促進勞動力的合理流動，保障失業職工的基本生活需要，國務院頒發了《國營企業職工待業保險暫行規定》，這標誌著中國失業保險制度的建立。

失業保險的確立階段為 20 世紀 90 年代中後期，中國經濟改革迫切要求失業保險能擔當起保障國有企業富餘職工進入市場以後基本生活的重任。1999 年，國務院發布《失業保險條例》，在完善失業保險制度、強化失業保險的保障功能、強調失業保險權利與義務的對應、體現失業保險的性質、保障職工合法權益方面無疑有很大的進步。這主要表現為：第一，確立了保障失業人員的基本生活和促進再就業的基本宗旨。第二，將失業保險的實施範圍擴大到城鎮各類企事業單位及其職工。第三，建立了國家、單位、職工三方負擔的籌資機制，用人單位的繳費比例提高到了工資總額的 2%，職工個人按本人工資的 1% 繳納。第四，確定了失業保險待遇的享受條件、申領程序。《失業保險條例》規定領取失業津貼必須同時符合三個條件：按照規定參加失業保險，所在單位和本人已履行繳費義務滿一年；非因本人意願中斷就業；已辦理失業保險登記，並有求職要求的。第五，重新調整了支出項目和支付標準。失業津貼的標準按照高於當地城市最低生活保障標準，低於當地最低工資標準的原則制定。第六，提高了統籌層次，實行市級統籌。第七，加強了基金管理，規定失業保險基金必須存入銀行的財政專戶，實行收支兩條線管理。

8.3.2 中國失業保險制度面臨的問題

1. 保險覆蓋面較窄，保障功能較差

第一，失業保險覆蓋面較窄。一是條例規定的適用範圍窄，忽視了失業保險普遍性這一本職特徵。《失業保險條例》第2條第3款明確規定城鎮企業是指國有企業、城鎮集體企業等，而且第6條規定城鎮企事業單位招用的農民合同制工人不繳納失業保險費。由此可見，中國失業保險條例的適用範圍並未擴充到鄉鎮企業職工和城市農民打工族。二是實際參保的範圍小，尚不能做到應保盡保。總的來說，國有企業參保率較高，私營企業較低，而個體工商戶基本沒有參保。

第二，保障功能較差。覆蓋範圍窄和使用率低使籌集的資金難以應對失業的現實需要，導致部分人員難以享受失業保險待遇，使得失業保障功能難以充分發揮。

2. 失業保險基金管理方面缺位

第一，失業保險金繳納的標準過於籠統。《失業保險條例》第6條明確規定：「城鎮企業、事業單位按照本單位工資總額的2%繳納失業保險費。城鎮企業、事業單位職工按照本人工資的1%繳納失業保險費。」失業保險金的繳費率由政府統一規定，無法體現企業失業率和其保險費繳納之間的關係，無法區別不同行業的失業風險。對效益好、失業率低的企業來說，只有很少甚至沒有職工領取失業救濟金，這些企業常常把繳納保險費看作是對效益差、失業率高的企業的無償補貼，因而這些企業不願參加失業保險，即使參加了也抵制、拖欠保險費；而反觀效益差、失業率高的企業，統一費率無疑助長了其懶惰與依賴的思想。

第二，失業保險金的使用效率較低。與失業保險的兩大功能相對應，失業保險資金的使用方向主要有兩個：失業津貼和促進再就業。但實際上真正用於失業津貼、促進再就業的那部分資金所占比例只有70%左右。造成這種現象的原因主要是失業保險基金在具體運作過程中缺乏應有的相互牽制機制，導致失業保險基金被擠占、挪用、截留等現象。即使是一些看似被用於失業救濟的資金，是否真正用到了應該享受失業救濟金的失業人員身上也未可知，失業保險基金的使用效率亟待提高。

3. 統籌層次低，互濟性差

《失業保險條例》第7條規定：「失業保險基金在直轄市和設區的市實行全市統籌，其他地區的統籌層次由省、自治區人民政府規定。」從實施情況看，多數地區的統籌層次仍停留在縣級。由於統籌層次偏低，基金的整體承受能力比較脆弱，要想抵禦更大規模的失業風險，必須提高統籌層次。一般來看，統籌層次越高，失業保險基金的調劑餘地就越大，基金使用效益也就越顯著。

4. 促進再就業的能力較弱，難以與再就業相協調

（1）重救濟，輕培訓。失業保險的兩大功能——生活保障和促進再就業是相互依存共同發展的，前者為後者提供基礎和保障，而沒有後者，前者也就失去了其應有的意義。中國的國情和財力狀況也決定了中國的失業保險制度不可能靠單純的失業津貼，只有強化失業保險制度的促進再就業功能，適當加大轉業培訓、生產自救、職業介紹等就業服務的投入，才能降低失業津貼的成本。

（2）制度的導向性差。目前失業保險制度對失業者積極求職的經濟激勵措施不力，雖然也規定了提供失業職工的轉業培訓費、扶持失業職工生產自救等內容，但這些項目多數得不到保證。另外，現行制度中對於失業者跨區域求職未規定給以資助，卻通過戶口、居所等限制失業者的地區流動。而一些國家，如日本，失業者異地就業，需要舉家遷移的，可以向失業保險機構領取搬遷費，這樣無疑有利於勞動力市場的人才流動。

8.3.3 完善中國失業保險制度

中國是發展中國家，仍處在社會主義初級階段，要在這樣一個擁有13億人口的發展中國家建立與社會主義市場經濟相適應的失業保險制度，所面臨的困難是可想而知的。但我們必須本著公平與效率兼顧、競爭與穩定並重的原則，堅持國家、單位、個人責任分擔的做法，立足於本國國情，借鑑國際先進經驗，建立健全適合國情的失業保險制度。

1. 實現失業保險制度創新

（1）加強失業保險立法工作。失業保險不僅要保證失業職工在失業期間獲得必要的基本生活保障，而且要培養和增強失業職工的再就業能力。因此，應通過國家立法，實行強制性失業保險，對失業保險的實施範圍、資金來源、基金的籌集與管理、待遇標準、享受條件、管理機構及職責做出明確的規定，以保障失業保險制度的實施。只有這樣，才能保障失業者在失業期間享受失業保險待遇的權利，保障失業保險基金按時足額徵繳，使權利和義務更好地聯繫起來，逐步使失業保險制度步入法制化軌道。

（2）進一步拓展失業保險的統籌範圍。從近些年中國失業狀況的特點看，困難企業和失業群體的分佈有著很強的地域性，以致失業保險基金的支出和累積也水平不一，有的地區陷入較嚴重的困境，這就對失業保險的總體統籌和控製能力提出了要求。因此，應逐步拓寬失業保險的統籌範圍，引進保險基金在省際的調動和平衡機制，加強地區之間的調劑作用，使失業保險基金的使用效果得到更好的體現。

2. 完善失業保險基金的使用與管理

（1）調整基金支出結構，提高基金使用效益。失業保險基金的支出應根據企業改革狀況，進行動態調整。根據歷年決算結果，失業保險基金中生產自救費和轉業訓練費的支出大大高於失業津貼的支出。據統計，2006年支出的失業津貼占失業保險金的比例為28%，而轉業訓練及生產自救費占失業保險金的比例為40%，「兩費」支出比例較高，導致一些地方出現了擠占、挪用「兩費」現象。因此，應相應增加某些失業津貼項目，如失業職工的生育補助金、獨生子女補助費、生活困難補助金等。「兩費」應堅持隨用隨提、不得預提和比率控製的原則，建立靈活的調節機制。

（2）建立健全失業保險監督機制，規範失業保險發放、管理工作。首先，建立失業保險基金的預算制度，通過預算的編制、審批、執行、監督等工作，增強基金收支的計劃性，增加基金管理的約束力。這有利於對基金進行全過程的管理和監督，嚴防隨意擠占、挪用失業保險基金，使其真正起到應有的作用。其次，建立失業保險基金預警制度，對其收支餘額進行動態管理，適時監控，建立失業保險基金的警戒線和應

急機制。當基金餘額達到警戒線時，及時補充，使之恢復正常的保障能力。最後，規範失業保險金的發放、管理工作，為每一位領取失業金的人員建立檔案，進行跟蹤監督。最後，還應加強對失業基金運行的審計監督。

3. 將失業保險與促進再就業聯繫起來，營造失業人員再就業的寬鬆環境

推動失業人員重新就業本身就是失業保險工作的一個有機組成部分。失業保險除了對失業人員進行經濟援助外，另一項重要工作就是促進失業人員的再就業，提高失業人員的再就業能力是解決失業問題的根本。因此，要將失業保險與促進再就業工作密切聯繫起來，加強對失業人員的職業培訓，做到失業培訓工作經常化、有針對性，著力於全面提高失業人員的素質。另外，要為失業人員再就業營造寬鬆環境，主要內容包括：第一，適當降低創業的門檻，減少失業人員創辦企業的資金限額和各種限制條件；第二，為創業者提供適當的資金支持，包括實施放寬貸款條件、降低貸款利息等舉措；第三，為失業人員創辦企業提供一定的稅費減免，降低創業的負擔。

9 工傷保險

工傷保險是社會保險的一個重要組成部分。工傷保險雖然只是針對遭受工傷或職業病風險的特殊人群，但這些人群所受到的傷害往往波及面比較大，而且會引發勞資爭議和衝突，因而在大多數國家中，工傷保險都是最早建立起來的險種之一。隨著社會的發展，工傷保險的功能不斷延伸，現代意義上的工傷保險是指工傷預防、工傷補償、工傷康復三位一體。

9.1 工傷保險概述

9.1.1 工傷及工傷保險的含義

工傷保險是社會保障體系的重要組成部分，工傷保險制度對於保障因生產、工作過程中的工傷事故或職業病造成傷、殘、亡的職工及其供養直系親屬的生活，對促進企業安全生產，維護社會安定起著重要的作用。

1. 工傷

工傷（Industrial Injury）亦稱職業傷害（Occupational Injury），是指勞動或者進行與職業責任有關的活動時所遭受的事故和職業病傷害，是工業社會的產物。工傷的本質特徵是對受害人肌體的損傷，既可能由工作事故引起，也可能由工作過程或環境中存在的致病的危險因素所致。

職業病分為廣義和狹義兩種。廣義職業病是指在生產或工作環境中，由工業毒害、不良氣候條件、生物因素及惡劣衛生條件等引起的疾病，其特徵為形成時間長，大多數表現為身體器官生理功能損傷，很少有痊癒的可能，屬於不可逆性損傷。狹義職業病是指國家根據生產力發展水平、經濟狀況、醫療水平等綜合因素，由主管部門明文規定的法定職業病。工傷保險承保的職業病是指狹義職業病。

一般認為，職業病應具備以下三個條件：第一，該疾病與工作場所的職業性有害因素密切相關；第二，所接觸的有害因素劑量可能導致疾病的發作；第三，職業性病因所起的作用大於非職業性病因所起的作用。

2. 工傷保險

工傷保險是國家通過立法強制實施的，為在生產過程中遭受意外事故或職業病傷害的勞動者及其家屬提供醫療服務和經濟補償，保證其基本生活需要的社會保險制度。

現代意義上的工傷保險，不僅包括對因工傷、殘、亡者的經濟補償和物質幫助，

而且包括促進企業安全生產、降低事故率及職業病發生率,並通過現代康復手段,使受傷害者盡快恢復勞動能力,促進其與社會的整合。

9.1.2 工傷保險的特點

工傷保險具有補償與保障的性質。比起其他社會保險項目,工傷保險的特徵較為明顯。

1. 工傷保險最具強制性

工傷事故具有突發性和不可預測性,且大多損傷屬於不可逆性損傷。由於工傷可能為個人帶來終身痛苦,給家庭帶來永久的不幸,因此,國家法律往往規定強制實施工傷保險,通過法律手段保障工傷職工及家屬的權益。

2. 工傷保險實施範圍最廣

工傷保險是世界上歷史最悠久、實施範圍最廣的社會保險制度。政府通過法律,通過對社會經濟生活的一定干預,在已發生職業風險與未發生職業風險群體之間進行收入再分配,切實達到保障勞動者基本生活水平的目的。

3. 工傷保險保障項目最全面

與其他社會保險項目相比,工傷保險的保障項目最全面,不僅有經濟補償,而且還有其他服務,包括免費醫療救治、死亡者喪葬、傷殘重建、職業康復、生活輔助器具、傷殘人員的轉崗培訓以及工傷預防等。

4. 工傷保險給付條件最為寬泛

經過傷殘鑒定後,工傷保險的給付條件最為寬泛。它不受工齡、性別和年齡的限制,要按傷殘等級給予相應待遇。

9.1.3 工傷保險的基本原則

1. 無責任補償原則

無責任補償原則又稱補償不究過失原則,是指勞動者在工作過程中遭遇工傷事故或患職業病,無論責任屬於本人、企業或第三方,只要不是勞動者犯罪或故意所為,均按照法律規定的標準支付勞動者相應的工傷保險待遇。無責任補償原則要求待遇給付與責任追究相分離,不能因為事故責任的追究影響待遇給付的時間和額度。無責任補償原則的確立,有利於勞動者在工傷發生後,能夠得到及時的治療和經濟補償。

2. 個人不繳費原則

工傷保險費是由企業或雇主按照國家規定的費率繳納的,勞動者個人不繳納任何費用。工傷保險待遇帶有明顯的勞動力修復與再生產投入性質,屬於企業生產成本的特殊組成部分。工傷事故的這種特殊性和無過失補償原則決定了工傷保險的保險費只能由企業或雇主單方承擔。世界上最早建立工傷保險制度的德國確立了這個原則並為其他國家所效仿。

3. 補償與預防、康復相結合的原則

工傷保險的首要任務是工傷補償,但加強安全生產、減少事故發生率和發生事故時及時進行搶救治療,採取有力措施幫助勞動者盡快恢復健康並重新走上工作崗位,

比工傷補償更有意義。

4. 因工和非因工原則

工傷保險待遇具有損害賠償性質，其醫療待遇、康復待遇、傷殘待遇和死亡撫恤待遇等均比非工傷待遇及其他的社會保險項目待遇更為優厚，並且享受的資格條件不受年齡和繳費合格期的限制。

5. 一次性補償與長期補償相結合原則

對於因工而部分或完全永久喪失勞動能力的職工或是因工死亡的職工，受傷害職工或遺屬在得到補償時，工傷保險機構一般可以一次性支付補償金項目。此外，對一些傷殘者及死亡職工所供養的遺屬，工傷保險機構具有長期支付項目，補償直到其失去供養條件為止。這種補償原則已經為世界上越來越多的國家所接受。

6. 傷殘和職業病等級原則

工傷保險待遇是根據傷殘和職業病等級分類確定的。各國在制定工傷保險制度時，都制定了傷殘和職業病等級，並通過專門的鑒定機構和人員對受職業傷害職工的受傷害程度予以確定，區別不同傷殘和職業病狀況，以給予不同標準的待遇。

9.1.4 工傷保險的作用

1. 工傷保險可以維護勞動者基本權益

在社會化大生產條件下，建立工傷保險制度有利於保障勞動者在發生工傷事故後能夠得到及時的救治和醫療康復以及必要的經濟補償，保障勞動者合法權益是維護勞動者基本權益的必要手段。

2. 工傷保險有利於企業分散風險，提高企業承擔風險的能力

從企業角度來說，工傷事故的發生具有不確定性，而事故發生後的賠款金額或賠償期間的情況更無法預料。工傷保險制度實現了侵權責任的社會化，用人單位只需依法繳納工傷保險費用，便可以完全免除或部分免除發生工傷事故時的民事賠償責任，從而分散企業的賠償責任，有利於企業擺脫高額給付造成的困境，有效地緩解了無過失責任主義的推行帶來的由於經營者負擔過重影響社會生產發展的問題。

3. 工傷保險有利於增強安全意識

近幾年來，企業工傷事故在不斷增多，這在很大程度上是由勞動者安全意識淡薄、不重視安全生產造成的。工傷保險通過與改善勞動條件、安全教育、防病防傷宣傳、醫療康復等措施相結合，可以提高勞動者的安全意識，減少工傷事故發生率，減少經濟損失。

4. 工傷保險有利於維護社會穩定

如果企業職工不參加工傷保險，一旦發生工傷事故，在企業處理工傷事故的過程中，工傷職工和其家屬往往會對處理工傷事故的公正性產生懷疑，進而對處理結果表示不滿，容易導致勞動關係緊張甚至矛盾激化，產生不安定因素。如果企業參加工傷保險，事故發生後，可由企業向當地勞動保障管理部門上報事故情況，勞動保障部門調查核實後進行工傷認定，認定為工傷後，則享受工傷保險待遇。這樣，就能夠較好地處理工傷事故，協調好企業和工傷職工的勞動關係，有效地防止不穩定因素的產生。

9.1.5 工傷保險的發展歷程

隨著工業化的發展，工傷事故的發生也越來越頻繁，已經演變成為一個不可忽視的社會問題。工傷保險制度的產生也不是一蹴而就的，大致經歷了雇主個人承擔、雇主過失賠償、雇主責任保險、工傷社會保險四個階段。

1. 第一階段：雇工個人承擔階段

在工業化社會的初始階段，在小作坊式的工廠裡，工傷事故基本上是由雇主和雇員之間私下協商處理。在歐洲工業化時代早期，職業傷害時有發生，卻並未引起足夠重視。英國著名經濟學家亞當·斯密在風險承擔理論中指出：「給工人規定的工資標準中，已包含了對工作崗位危險性的補償，而工人既然自願與雇主簽訂合同，那就意味著他們是自願接受了風險，接受了補償這種風險的收入。因而，工人理應負擔在工作過程中因發生工傷事故而蒙受的一切損失，而與雇主沒有直接關係。」這一理論風行於早期資本主義時代，成為雇主推卸工傷責任的理論依據。顯而易見，這種由雇工個人承擔工傷風險的制度明顯是有缺陷的。作為雇主和雇工雙方，並不是單純的一方提供勞動，另一方支付報酬的對等關係。雇主在各個方面都是處於優勢地位的，讓已經處於弱勢地位的勞動者再承擔因工作造成傷害的損失，這樣明顯是有失公平的，而且也不利於生產的持續性。

2. 第二階段：雇主過失賠償階段

伴隨著工業化程度的進一步加強，大機器生產導致的工傷事故和職業性疾病日益增多，也越來越嚴重。雇主對工傷事故不承擔責任，工傷損害的不利後果完全由雇工本人及其家庭承擔，由此引發了嚴重的社會問題，工人運動風起雲湧。19世紀70年代開始，在處理工傷引發的賠償傷害案件時，過失責任原則開始為部分國家所用。凡是能證明工傷的原因是出自雇主一方，受傷勞動者可以獲得雇主賠償，且雇主過失程度與賠償額度正相關，發生糾紛時上訴至法院，法院依法裁決。這是工人階級經過奮起鬥爭取得的一項社會保障權益，是一種進步，但也存在著明顯的缺陷。雇工和雇主明顯處於不平等的地位，要求雇工證明雇主在工傷事故中存在過錯是十分困難甚至是不可能的，而且工傷事故原因的多元性和複雜性也會造成雇主過失責任認定困難，往往會出現雇工既不能拿出證據證明雇主的過錯，之後還被雇主解雇的局面。

3. 第三階段：雇主責任保險階段

19世紀末，法國、德國、英國等普遍認同了無過錯責任原則和職業危險原則，凡是利用機器或雇員體力從事經濟活動的雇主或機構，就有可能造成雇員受到職業方面的傷害；意外事故無論是由於雇主的疏忽還是受傷害者的同事的粗心大意，甚至根本不存在什麼過失，雇主也應進行賠償，賠償金應該是企業所承擔的一部分管理費用。

無過錯責任原則和職業危險原則應用於工業傷害領域，代表著雇主責任制的開始（即通常人們所稱的「雇主責任保險」）。雇主責任保險是指受傷害的工人或遺屬直接向雇主索取賠償，雇主依照法律法規向他們直接支付保險待遇。

4. 第四階段：工傷社會保險階段

工傷事故具有不可避免性和非個人性的特徵，因此單純地追究個人的責任是不合

理的。既然事故是社會性的問題，就需要根據社會公正的原則，讓整個社會來分擔損失，保證事故的受害人獲得賠償。第一次世界大戰前，少數歐洲國家開始用社會保險來彌補雇主責任保險的不足，雇主責任制逐步向工傷社會保險過渡。1884年德國頒布《工人災害賠償保險法》，通過一定的強制性措施對工傷賠償制度予以干預，規定由雇主繳納工傷保險費用，工傷社會保險制度形成。第二次世界大戰後，工傷社會保險制度得到了完善和發展，歐洲絕大多數國家和拉美、亞洲一些國家相繼建立了工傷保險制度。工傷保險現已成為現代社會中的一個普遍性的保障制度，其普及率比養老、醫療、失業等保險高得多。在全球近200個國家和地區中，有172個國家建立了社會保障制度，其中建立了工傷保險項目的有164個。

9.2 工傷保險制度的基本內容

9.2.1 工傷保險模式

當前，世界各國工傷保險制度大體上可以分為雇主責任制模式和社會保險模式。

1. 雇主責任制模式

雇主責任制模式曾經是世界上主流的工傷保險模式，現在仍然有一些國家的工傷保險制度屬於這種模式。根據國際勞工組織專家對140個國家的工傷保險制度進行的分類。迄今仍然有大約40個國家通過雇主責任制來對勞動者提供工傷保險。實行雇主責任保險制度的國家，投保的性質以商業保險為主，又可以分為三種類型：一是明文規定所有雇主必須投保繳納保險費，如義大利、澳大利亞、芬蘭和新加坡等；二是規定某些危險性較大職業的雇主必須向商業保險公司投保，如馬來西亞、烏拉圭、薩爾瓦多和哥斯達黎加等；三是沒有明文規定雇主有義務投保，雇主自願參加保險，如阿根廷、斯里蘭卡等。

2. 社會保險模式

實行社會保險制度的國家大致可以分為三種類型：一是工傷保險作為一項獨立的制度存在，在基金和管理方面與其他社會保險項目相對分離，如德國、義大利和日本等；二是工傷保險在基金方面是獨立的，在行政管理方面卻是與其他社會保險項目一起由同一機構來管理，如法國和奧地利；三是工傷及其他意外事故包括在整個社會保險制度之中，如阿爾及利亞和巴拿馬。

社會保險模式有利於避免個別企業因為工傷事故而受到過大的衝擊；有利於受傷害的職工得到可靠的保險待遇，減少工傷爭議的發生；還有利於形成規模效應，減少管理費用。但在社會保險模式下，有可能存在嚴重的道德風險。因此，在一些國家雇主責任近年來有所加強，作為社會保險制的補充，德國和俄羅斯就強化了雇主在事故預防、職業康復、傷殘職工再就業等方面責任。

9.2.2 工傷保險制度的覆蓋面

工傷保險的覆蓋範圍是認定受傷害人員是否屬於工傷保險對象以及其所受的傷害

是否屬於工傷賠償範圍的首要法律依據。工傷保險覆蓋範圍隨著社會經濟的發展不斷擴大，從體力工作擴大到非體力工作，從工人擴大到所有勞動者。奧地利、丹麥、德國、芬蘭、日本、挪威、瑞典、突尼斯把個體經營者包括在工傷保險之中；奧地利、德國、法國、盧森堡、挪威和瑞典，在工傷保險立法中囊括了學生和教師，奧地利和蘇聯等國把消防人員、援救人員和國家安全人員包括在工傷保險之內。

9.2.3 工傷認定的範圍

工傷認定是指法律法規規定的機構對特定傷害是否屬於工傷範圍的確認。通常國家設立專門的認定機構，或者由勞動行政主管部門對職工是否屬於工傷進行認定。

1. 工傷事故的認定範圍

工傷事故並非單指工作中的意外事故，也包括因工作而導致的身體慢性損害，即職業病。1921 年，國際勞工大會在《關於工傷賠償（包括農業工人）公約》（第 12 號）中指出：「由工作直接或間接引起的事故為工傷事故。」1952 年，國際勞工組織制定的《社會保險（最低標準）公約》（第 102 號）確定的職業傷害的範圍包括：身體處於疾病狀態者、由於職業傷害喪失勞動能力而造成工資收入中斷者、由於永久或暫時失去勞動能力而完全失去生活費來源者。

2. 職業病的認定範圍

職業病源於勞動者從事的職業本身，特別是在勞動生產過程中接觸某種有害物質。工傷保險承保的職業病是法定職業病，指那些因所從事職業必然直接帶來的對身體造成較大損害的疾病。1925 年國際勞工組織將鉛中毒、汞中毒和炭疽病感染列為職業病。1964 年的《職業傷害賠償公約》把 15 種疾病列入職業病。國際勞工會議於 1980 年公布了新的國際職業病名錄，職業病達到 29 種。目前世界上包括中國在內的很多國家，列入職業病範圍的疾病已經遠遠超過了《職業傷害賠償公約》所列舉的範圍。

9.2.4 工傷保險基金的籌集

工傷保險基金的籌集是指專門的工傷保險管理機構按照工傷保險制度所規定的計徵對象和方法，定期向勞動者所在單位徵收工傷保險基金的行為。

1. 工傷保險基金的來源

大多數情況下工傷保險基金來源於僱主繳納的保險費，勞動者個人不繳費。在歐洲國家中只有愛爾蘭和英國的現金補償來源於稅收。英國自 1969 年起，又增加了僱主責任制，實行雙重保險。對工傷僱員提供的補償性的醫療服務分為兩種情況，工傷人員普通的醫療服務一般都是通過醫療保險來提供的，其經費主要來源於稅收，而其他的醫療費用支出必須來源於工傷保險基金。

2. 工傷保險基金籌集模式

世界上建立工傷保險制度的國家大都實行現收現付制的基金籌集模式。這種模式是按照一個較短的時期內收支平衡的原則確定費率，籌集工傷保險基金，即將當期徵繳的工傷保險費用於支付當期的各項工傷保險待遇及其他合法支出。當然，為了避免費率調整過於頻繁，防止短期內突發的重大工傷事故所帶來的收支波動，一般保留一

定數額的風險儲備基金，即所謂「以支定收，略有結餘」。

3. 工傷保險費率

工傷保險費率就是工傷保險費用提取比率，大多數國家都是以企業職工的工資總額為基礎，按照規定的比例繳納。工傷費率的確定主要有三種方式，即統一費率制、差別費率制、浮動費率制。

統一費率制即按照法定統籌範圍內的預測開支需求，與相同範圍內企業的工資總額相比較，求出一個總的工傷保險費率，所有企業都按這一比例繳費。這種方式是在最大可能的範同內平均分散工傷風險，不考慮行業與企業工傷實際風險的差別。

差別費率制即對單個企業或某一行業單獨確定工傷保險費的提繳比例。差別費率的確定，主要是根據對各行業或企業單位時間上的傷亡事故和職業病統計以及工傷費用需求的預測而定。此種方式的目的是要在工傷保險基金的分擔上，體現對不同工傷事故發生率的企業、行業實行差別性的負擔，以保證該行業、企業工傷保險基金的收付平衡，並適當促進其改進勞動安全保護措施，降低工傷賠付成本。

浮動費率制是在差別費率制的基礎上，每年對各行業或企業的安全衛生狀況和工傷保險費支出狀況進行分析評價，根據評價結果，由主管部門決定該行業或企業的工傷保險費率的上浮或下浮。

9.2.5 工傷保險的待遇給付

1. 傷殘等級評定

在支付工傷保險待遇之前，必須對受傷者進行傷殘鑒定，以確定其傷殘等級，然後根據傷殘等級支付保險待遇。傷殘等級評定是指由專門的機構利用科學技術和方法，對工傷、疾病職工失能程度做出的判斷結論，並依據此鑒定結果確定相應的工傷保險待遇。傷殘等級是根據受傷者喪失勞動能力的程度確定的。

所謂喪失勞動能力，是指個人因身體或精神受到損害而導致本人工作能力嚴重減弱的狀況。喪失勞動能力可能是暫時的，也可能是永久的；可能是部分喪失，也可能是完全喪失；可以是先天的，由非職業原因造成，也可以是後天的，由職業原因造成。就工傷保險而言，喪失勞動能力必須是由工傷造成的，即在工作中或在與工作有關的場合中受到的傷害。

2. 工傷保險待遇項目

工傷保險待遇包括醫療、康復待遇、傷殘待遇、供養直系親屬待遇等。每個項目又細分為若干具體項目。

第一，工傷醫療待遇。1952 年，國際勞工大會通過的《社會保障（最低標準）公約》（第 102 號）規定：工傷醫療費用，包括門診或住院的治療、藥物、護理、療養、康復器械等費用，在實行工傷保險的國家都是免費提供，且不受醫療期的限制。1964 年，國際勞工大會通過的《工傷津貼公約》（第 121 號）提出，考慮到有些國家的醫療保險制度中個人負擔費用的情況，在一定情況下可以由個人負擔部分費用。

第二，暫時喪失勞動能力津貼。暫時喪失勞動能力是指受傷者正處在醫療期，尚未鑒定勞動能力喪失的程度。一旦做出鑒定或治療超過一定期限仍需要繼續治療，就

視為永久完全喪失或永久部分喪失勞動能力。關於支付暫時喪失勞動能力津貼，1964年通過的《工傷事故和職業病津貼公約》（第123號）規定不需要等待期，最低保障標準提高到本人工資的60%。暫時喪失勞動能力津貼是一種短期待遇，多數國家最低支付本人工資的60%~75%，也有少數國家支付100%。支付期限一般為26周至52周。

第三，永久完全喪失勞動能力津貼。這項待遇是經鑒定為永久喪失勞動能力之後支付的，主要是傷殘撫恤金或傷殘年金。該津貼屬工傷長期待遇，多數國家支付的標準為本人工資的2/3以上，需要護理的，一般都規定護理費。

第四，永久部分喪失勞動能力津貼。支付標準按永久完全喪失勞動能力支付標準的一定比例執行。支付方式視傷殘程度而定，對於傷殘程度達到一定界限以上的一部分人實行定期支付，輕度傷殘的給予一次性支付。

第五，供養親屬待遇。此項待遇一般除喪葬費外，還有供養親屬撫恤金或供養親屬津貼。實行社會保險制度的國家，供養親屬撫恤金包括一次性撫恤金和定期撫恤金兩部分。實行雇主責任制的國家均支付一次性待遇，一般不少於死者生前3年工資的收入。遺屬定期撫恤金根據死者生前供養人口、經濟收入等情況，按死者生前收入的一定比例給付。

9.3 中國工傷保險制度

9.3.1 中國工傷保險制度的發展歷程

1951年2月，政務院公布《中華人民共和國勞動保險條例》，該條例對於工傷保險制度構成做了原則性的規定，標誌著中國工傷保險制度的建立。

1996年8月12日，勞動部頒布了《企業職工工傷保險試行辦法》，1996年10月1日開始實施。《企業職工工傷保險試行辦法》在中國首次把工傷預防、工傷康復和工傷補償三項工傷保險的任務結合起來，明確了中國工傷保險制度的主要任務。其中最重要的手段是實行行業差別費率和企業浮動費率。這些工傷保險改革的重要突破為工傷保險事業的發展注入了新的活力。

2003年4月27日，國務院頒布了《工傷保險條例》，並於2004年1月1日起正式實施。國務院有關部門還制定發布了《工傷保險條例》的若干配套規章或政策文件，各地方結合當地的實際情況制定了相應的地方性法規。《工傷保險條例》的頒布，是中國社會保障法制化進程中具有里程碑意義的大事，標誌著工傷保險制度改革進入了一個嶄新的發展階段，對於保障職工權益、促進安全生產、維護社會穩定具有重要作用。

2010年10月28日通過的《中華人民共和國社會保險法》以專章的形式對工傷保險的基本問題做了規定，將中國多年來被實踐證明且行之有效的工傷保險制度通過立法程序以法律的形式固定下來，上升為國家意志，增強了工傷保險的強制性、規範性和穩定性。

為了進一步完善工傷保險制度，人力資源和社會保障部在認真總結《工傷保險條

例》實施經驗的基礎上，於2009年7月起草了《工傷保險條例修正案（送審稿）》報請國務院審議。2010年12月8日，《國務院關於修改〈工傷保險條例〉的決定》於國務院第136次常務會議上通過，自2011年1月1日起施行。

9.3.2 中國工傷保險制度的基本內容

中國現行的工傷保險制度是在建國初期確立的基礎上經過不斷調整和改革形成的，其法律依據主要有《工傷保險條例》（2003年4月27日公布）、《國務院關於修改〈工傷保險條例〉的決定》（2011年1月1日起施行）和《中華人民共和國社會保險法》（2011年7月1日起施行）。

1. 覆蓋範圍

中華人民共和國境內的企業、事業單位、社會團體、民辦非企業單位、基金會、律師事務所、會計師事務所等組織和有雇工的個體工商戶應當參加工傷保險，為本單位全部職工或者雇工繳納工傷保險費。

公務員和參照公務員法管理的事業單位、社會團體的工作人員因工作遭受事故傷害或者患職業病的，由所在單位支付費用。具體辦法由國務院社會保險行政部門會同國務院財政部門規定。

2. 基金籌集

（1）基金來源。工傷保險基金由用人單位繳納的工傷保險費和工傷保險基金的利息依法納入工傷保險基金的其他資金構成。職工個人不繳納工傷保險費。用人單位繳納工傷保險費的數額為繳費基數乘以單位繳費費率之積，用人單位一般以本單位職工上年度月平均工資總額為繳費基數。工傷保險基金在直轄市和設區的市實行全市統籌，其他地區的統籌層次由省、自治區人民政府確定。

（2）基金籌集模式。中國現行工傷保險制度採取的是現收現付制模式，以支定收、收支平衡，即以一個週期內的工傷保險基金的支付額度確定徵繳的額度。

（3）工傷保險費率。工傷保險費根據以支定收、收支平衡的原則確定費率。工傷保險費率實行行業差別費率和浮動費率制度。

參照《國民經濟行業分類》（GB/T 4754—2002），將行業劃分為三個類別：一類為風險較小行業，二類為中等風險行業，三類為風險較大行業。三類行業分別實行三種不同的工傷保險繳費率。統籌地區社會保險經辦機構要根據用人單位的工商登記和主要經營生產業務等情況，分別確定各用人單位的行業風險類別。

3. 工傷認定

中國的工傷認定是指工傷認定機構（社會保險行政部門）根據工傷保險法律法規及相關政策的規定，確定職工受到的傷害，按照是否屬於應當認定為工傷、視同工傷以及不得認定為工傷的情形來確定。

職工有下列情形之一的，應當認定為工傷：在工作時間和工作場所內，因工作原因受到事故傷害的；工作時間前後在工作場所內，從事與工作有關的預備性或者收尾性工作受到事故傷害的；在工作時間和工作場所內，因履行工作職責受到暴力等意外傷害的；患職業病的；因工外出期間，由於工作原因受到傷害或者發生事故下落不明

的；在上下班途中，受到非本人主要責任的交通事故或者城市軌道交通、客運輪渡、火車事故傷害的；法律、行政法規規定應當認定為工傷的其他情形。

職工有下列情形之一的，視同工傷：在工作時間和工作崗位，突發疾病死亡或者在 48 小時之内經搶救無效死亡的；在搶險救災等維護國家利益、公共利益活動中受到傷害的；職工原在軍隊服役，因戰、因公負傷致殘，已取得革命傷殘軍人證，到用人單位後舊傷復發的。此外，還規定了一些不得認定為工傷或者視同工傷的情形。

根據《職業病防治法》規定，職業病是指企業、事業單位和個體經濟組織的勞動者在職業活動中，因接觸粉塵、放射性物質和其他有毒、有害物質等因素而引起的疾病。

職業病的分類和目錄由國務院衛生行政部門會同國務院安全生產監督管理部門、勞動保障行政部門制定、調整並公布。按照衛生部、勞動和社會保障部 2002 年 4 月發布的《職業病目錄》規定，中國現行的職業病包括 10 類、115 種。其中塵肺 13 種，職業性放射性疾病 11 種，職業中毒 56 種，物理因素所致職業病 5 種，生物因素所致職業病 3 種，職業性皮膚病 8 種，職業性眼病 3 種，職業性耳鼻喉口腔疾病 3 種，職業性腫瘤 8 種，其他職業病 5 種。

職業病診斷應當由省、自治區、直轄市人民政府衛生行政部門批准的醫療衛生機構承擔。認定因素包括病人職業史、職業病危害接觸史和現場危害調查與評價、臨床表現以及輔助檢查結果。沒有證據否定職業病危害因素與病人臨床表現之間有必然聯繫的，應該診斷為職業病。勞動者可以在用人單位所在地、本人戶籍所在地或者經常居住地依法承擔職業病診斷的醫療衛生機構進行職業病診斷。

4. 勞動能力鑒定

勞動能力鑒定是指勞動能力鑒定機構對勞動者在職業活動中因工負傷或患職業病後，根據國家工傷保險法規規定，在評定傷殘等級時通過醫學檢查對勞動功能障礙程度（傷殘程度）和生活自理障礙程度做出的判定結論。勞動能力鑒定是合理確定工傷保險待遇的基礎。

（1）勞動能力鑒定的程序。勞動能力鑒定由用人單位、工傷職工或者其近親屬向設區的市級勞動能力鑒定委員會提出申請，並提供工傷認定決定和職工工傷醫療的有關資料。省、自治區、直轄市勞動能力鑒定委員會和設區的市級勞動能力鑒定委員會分別由省、自治區、直轄市和設區的市級社會保險行政部門、衛生行政部門、工會組織、經辦機構代表以及用人單位代表組成。

設區的市級勞動能力鑒定委員會應當自收到勞動能力鑒定申請之日起 60 日内做出勞動能力鑒定結論；必要時，做出勞動能力鑒定結論的期限可以延長 30 日。勞動能力鑒定結論應當及時送達申請鑒定的單位和個人。

（2）勞動能力鑒定的標準。當前中國進行勞動能力鑒定主要依據 2007 年 5 月 1 日實施的《勞動能力鑒定職工工傷與職業病致殘等級》，該標準依據工傷致殘者於評定傷殘等級技術鑒定時的器官損傷、功能障礙及其對醫療與護理的依賴程度，適當考慮了由傷殘引起的社會心理因素影響，對傷殘程度進行綜合判定分級。

根據工傷、職業病致殘程度和造成的失能情況，將殘情級別分為十個傷殘等級，

最重的為一級，最輕的為十級。生活自理障礙分為三個等級，即生活完全不能自理、生活大部分不能自理和生活部分不能自理。職工工傷與職業病致殘程度分組原則如表9.1所示。

表9.1 《勞動能力鑒定職工工傷與職業病致殘等級》（GB/T 16180-2014）分級原則

級別	分級原則
一級	器官缺失或功能完全喪失，其他器官不能代償，存在特殊醫療依賴，或完全或大部分或部分生活自理障礙
二級	器官嚴重缺損或畸形，有嚴重功能障礙或併發症，存在特殊醫療依賴，或大部分或部分生活自理障礙
三級	器官嚴重缺損或畸形，有嚴重功能障礙或併發症，存在特殊醫療依賴，或部分生活自理障礙
四級	器官嚴重缺損或畸形，有嚴重功能障礙或併發症，存在特殊醫療依賴，或部分生活自理障礙或無生活自理障礙
五級	器官大部缺損或明顯畸形，有較重功能障礙或併發症，存在一般醫療依賴，無生活自理障礙
六級	器官大部缺損或明顯畸形，有中等功能障礙或併發症，存在一般醫療依賴，無生活自理障礙
七級	器官大部分缺損或畸形，有輕度功能障礙或併發症，存在一般醫療依賴，無生活自理障礙
八級	器官部分缺損，形態異常，輕度功能障礙，存在一般醫療依賴，無生活自理障礙
九級	器官部分缺損，形態異常，輕度功能障礙，無醫療依賴或者存在一般醫療依賴，無生活自理障礙
十級	器官部分缺損，形態異常，無功能障礙，無醫療依賴或者存在一般醫療依賴，無生活自理障礙

《勞動能力鑒定職工工傷與職業病致殘等級》分級原則與《工傷保險條例》對勞動能力喪失程度的劃分原則基本保持一致，即傷殘鑒定為1~4級的為完全喪失勞動能力，傷殘鑒定為5~6級的為大部分喪失勞動能力，傷殘鑒定為7~10級的為部分喪失勞動能力。

5. 工傷保險待遇

（1）工傷醫療待遇。工傷醫療待遇是指職工發生工傷事故後，治療工傷所需的費用。符合工傷保險診療項目目錄、工傷保險藥品目錄、工傷保險住院服務標準的，從工傷保險基金中支付。工傷保險診療項目目錄、工傷保險藥品目錄、工傷保險住院服務標準由國務院勞動保障行政部門會同國務院衛生行政部門、藥品監督管理部門等部門規定。

（2）停工留薪期待遇。停工留薪期待遇是指職工因工作遭受事故傷害或者患職業病需要暫停工作接受工傷醫療的，在停工留薪期內，原工資福利待遇不變，由所在單位按月支付。工傷職工評比傷殘等級後，停發原待遇，按照有關規定享受傷殘待遇。工傷職工在停工留薪期滿後仍需治療的，繼續享受工傷醫療待遇。生活不能自理的工

傷職工在停工留薪期需要護理的，由所在單位負責。

（3）傷殘待遇。傷殘待遇依據職工因工致殘的傷殘等級給予相應的傷殘津貼、一次性傷殘補助金、生活護理費待遇、配置輔助器具待遇等。

（4）因工死亡待遇。職工因工死亡，其近親屬按照下列規定從工傷保險基金中領取喪葬補助金、供養親屬撫恤金和一次性工亡補助金。

傷殘津貼、供養親屬撫恤金、生活護理費由統籌地區社會保險行政部門根據職工的平均工資和生活費用變化等情況適時調整，調整辦法由省、自治區、直轄市人民政府規定。

傷殘職工在停工留薪期內因工傷導致死亡的，其近親屬享受喪葬補助金；一級至四級傷殘職工在停工留薪期滿後死亡的，其近親屬可以享受喪葬補助金、供養親屬撫恤金。

（5）特殊情況的工傷待遇。職工因工外出期間發生事故或存在搶險救災中下落不明的，從事故發生當月起3個月內照發工資；從第4個月起停發工資，由工傷保險基金向其供養親屬按月支付供養親屬撫恤金；生活有困難的，可以預支一次性工亡補助金的50%；職工被人民法院宣告死亡的，按照職工因工死亡的規定處理。

9.4 工傷預防與工傷康復

現代工傷保險在給予勞動者工傷補償的同時，通常還把工傷預防與職業康復結合起來，以便更好地發揮其在維護社會穩定、保護和促進生產力發展方面的作用。

9.4.1 工傷預防

1. 工傷預防的內涵

工傷預防即通過採取一切有效手段預防事故發生和控製職業病，保障勞動者在工作中免遭傷害，包括對可能發生的工傷事故和職業病的預測、對可能發生的工傷事故和職業病的後果評估以及採取的可能防止措施。工傷預防側重於對安全生產過程中工傷事故和職業病的事先防範。工傷預防做得好，可以降低工傷事故和職業病的發生率，從而減少工傷保險待遇的支付和與之相關的大量善後工作。

2. 工傷預防的措施

第一，完善工傷預防法規。預防職業傷害的第一部立法是美國馬薩諸塞州1912年制定的《關於就業過程中傷亡職工的工資問題及傷亡事故的預防》。法國（1946年）、澳大利亞（1955年）等國立法規定政府介入企業的工傷預防工作。

第二，加強勞動監察。工傷預防需要以勞動監察作為後盾，勞動監察對於促進雇主遵守有關安全生產法律和規範具有決定性的作用。為了取得成效，任何一種預防政策都要求所有直接有關方面及個人的積極參與。因此，必須有相關組織的代表對這些政策措施進行定期的審議和檢查，並獲得他們對政策的支持。

第三，宣傳教育與培訓措施。生產經營單位的安全教育工作是提高員工安全意識

和安全素質，防止產生不安全行為，減少人為失誤的重要途徑。例如，對危險性生產單位、礦山、建築施工單位的負責人進行培訓考核；對特種作業的員工進行上崗作業前的專門安全技術培訓和技能培訓；提高職工的安全技術知識，增強安全操作技能，從而保護自己和他人的安全與健康。

第四，技術與管理措施。技術措施主要包括防止事故發生的安全措施，如消除危險源、限制危險物質和減少事故損失的安全技術。在管理措施上，建立安全生產責任制是減少工傷事故最有效的手段之一。

第五，培育安全文化。要真正遏制工傷事故，培育安全文化十分重要。自 2004 年以來，國際勞工組織討論制定了關於《促進職業安全衛生框架》的政策文件，其中將促進安全文化作為其重要內容。例如，在澳大利亞的職業安全衛生戰略中，工作場所各方確認將安全衛生作為其正常經營的一個組成部分，確定安全文化是組織文化的一個方面並被視為經營戰略成功的一個指標。

9.4.2 工傷康復

1. 工傷康復的內涵

工傷康復是指在工傷社會保險的體系下，利用現代康復的手段和技術，為工傷職工提供醫療康復、職業康復、社會康復等服務，最大限度地恢復和提高他們的身體功能和生活自理能力，並盡可能恢復他們的職業勞動能力，從而促使工傷職工迴歸社會和重返工作崗位。1964 年通過的《工傷事故和職業病康復津貼公約》提出，政府應當重視職業康復工作，提供充足的財政援助，以滿足殘疾人對職業康復的需要。從此，工傷康復作為現代工傷保險的一部分並為世界大多數國家所接受。工傷康復作為現代工傷保險制度的重要目標之一，是以人為本的科學發展觀的重要體現和建構和諧社會的重要內容。

2. 工傷康復的內容

工傷康復涵蓋的內容非常廣泛，既包括了工傷殘疾預防、醫療康復、職業康復、社會康復以及康復輔助器具配置等專業技術工作，也包括了工傷康復政策、康復標準的制定以及工傷康復管理等社會工作。中國現階段工傷康復機構所開展的工作內容主要集中於工傷醫療康復和康復輔助器具配置兩個方面，工傷職業康復和社會康復處於起步階段。

(1) 工傷殘疾預防。預防殘疾是工傷康復的重要組成部分，其基本目標是改善工傷職工的身心、社會、職業功能，預防殘疾的發生、發展，預防各種嚴重併發症，保持現有功能或延緩功能衰退，使工傷職工能在某種意義上像正常人一樣過著積極的有生產性和創造性的生活。工傷殘疾預防可以分為一級預防、二級預防和三級預防。工傷康復的一級預防是安全生產，預防工傷事故的發生；如果發生工傷事故，造成了職工組織器官和功能的缺損，則要採取積極的救治與康復措施，防止工傷職工出現永久性的殘疾，這就是工傷康復的二級預防；工傷職工不可避免地出現永久殘疾時，則要採取積極的康復措施，預防工傷職工出現社會能力障礙（殘障），這就是工傷康復的三級預防。

（2）工傷醫療康復。工傷醫療康復主要是利用各種臨床診療和康復治療的手段，改善和提高工傷職工的身體功能和生活自理能力，其內容主要包括康復評定、康復治療和康復護理，還包括手術、藥物等促進功能恢復的臨床診療技術。康復評定是基礎，一切康復治療都要在康復評定的基礎上進行，而且康復效果也需要通過康復評定來判斷，其主要內容包括軀體功能評定、精神功能評定、語言功能評定、社會功能評定、傷殘等級評定和輔助器具適配性評定等方面。康復治療是醫療康復的核心，工傷康復目標需要通過康復治療來實現。

（3）工傷職業康復。職業康復是綜合使用藥物、器具、療養、護理、就業諮詢及職業能力測定、就業前的職業教育與訓練、就業安置等多種手段，幫助工傷職工恢復正常人所具備的工作、生活能力和心理狀態的一項工作。通過職業康復使工傷職工恢復就業能力，取得就業機會，並能通過自己的勞動獲得相應的報酬，從而獲得經濟上的獨立和人格的尊嚴，在實際意義上融入社會。

（4）工傷社會康復。社會康復是指運用社會學的理論和方法研究和解決殘疾人和其他康復對象的康復問題，其主要目的是盡可能減輕殘疾造成的後果，使殘疾人充分參與社會生活，使其獲得權利、尊嚴和平等。社會康復常採用個案管理的工作模式，提供政策諮詢、殘疾適應輔導、社區資源協調、家庭康復指導等服務，個案管理對工傷職工提供從入院開始直至迴歸工作崗位或社區生活的全程服務，所有服務及措施需符合工傷者個性化的康復需求，包括溝通、協調工傷者與相關利益者的關係，適當的轉介，發現和利用現有資源，探索不同的重返工作的機會或選擇。

（5）工傷康復輔助器具配置。康復輔助器具配置主要是指為殘疾人和功能障礙者設計、製作功能代償器具。康復輔助技術在某種程度上消除或抵消了殘疾者重返社會的物理障礙，是康復醫學的重要手段之一。依據中國2004年制定的國家標準《殘疾人輔助器具、分類和術語》（GB/T16432—2004），將殘疾人輔助器具分為11個主類、135個次類和741個支類三個層次。

10　社會保險的經濟效應

社會保險制度的經濟效應主要表現在對個人儲蓄、收入再分配、勞動力的供求、經濟週期的波動等方面。

10.1　社會保險對儲蓄的影響

儲蓄既是一種個人經濟行為，也是整個經濟運行的一種結果。因此，儲蓄水平的高低，對國家的經濟發展和經濟增長具有重要的影響作用。經濟學家一般認為，高儲蓄率會形成高投資率，進而可以帶來高經濟增長率。因而，儲蓄的增減變化歷來是經濟學家們長期關注的問題。社會保險制度是增加儲蓄還是減少儲蓄，在工業化國家曾經有過長期激烈的爭論，由於社會保險與儲蓄之間的經濟關係極為複雜以及受諸經濟和非經濟因素的影響，社會保險的儲蓄效應備受人們的關注。

社會保險對儲蓄的影響取決於社會保險基金的籌資方式——現收現付制和完全基金累積制。

10.1.1　現收現付制對個人儲蓄的影響

費爾德斯坦通過研究發現[1]，某些條件下，社會保障制度有可能減少個人儲蓄，他將這一現象稱為社會保障對個人儲蓄產生的「擠出（Crowding-out）效應」。他認為，社會保障會通過兩個相反的力量影響個人儲蓄。一個力量是人們既然可以從公共養老金計劃中獲得養老金收益，就可以減少為了退休期的消費而在工作期間累積財產的需要，這叫作資產替代效應。另一個力量是因為與資產審查有關的社會保障可以增加儲蓄，因而可能誘使人們提前退休。提前退休意味著工作年限的縮短和退休期的延長，這又反過來要求人們要有一個比較高的儲蓄率，這叫作退休效應。個人儲蓄的淨效應取決於這兩個相反方向的效應的力量對比：如果資產替代效應大於退休效應，個人儲蓄就會減少；反之，個人儲蓄就會增加。

1997年的世界銀行報告認為，現收現付制的養老保險計劃要求年輕人為此制度繳納工資稅，將來再為其支付養老金。年輕一代將打算用於儲蓄的錢來繳納工資稅，即減少儲蓄來為養老金提供資金。但是大量的實證研究卻無法證明，一旦實行現收現

---

[1]　M FELDSTEIN. Social Security, Induce Retirement and Aggregate Capital Formation [J]. Journal of Political Economy, 1974, 85 (5): 905-926.

付制就會減少儲蓄。有學者對加拿大、法國、日本、德國、瑞典和英國進行研究，結果表明，現收現付制的老年保險計劃對儲蓄沒有多大影響。

10.1.2 完全累積制對個人儲蓄的影響

在實行完全累積的籌資機制下，要求勞動者累積一定的儲蓄額，供勞動者享受保險待遇期間使用。社會保險基金不當期使用，必然成為儲蓄的一個重要來源。1997年，世界銀行通過美國職業年金方案、澳大利亞的職業年金方案和新加坡、智利的例證，認為完全累積制有增加居民儲蓄和促進資本形成的潛力。

10.2　社會保險對收入再分配的影響

收入再分配既是社會保險制度的原因，也是社會保險制度的結果。社會保險對收入再分配的效應主要表現在以下幾個方面：

10.2.1 代際收入再分配和代內收入再分配

在社會保險基金實行現收現付的籌資體制下，個人收入再分配以代際轉移的方式實現。下一代人創造的財富中，有一部分以繳納養老金的形式轉移給上一代。這種籌資方式對社會公平的影響較大。在社會保險基金實行完全累積制的籌資機制下，個人收入再分配是對個人生命週期內收入的分配，對社會公平的影響力較小。由此可見，兩種不同的籌資方式所產生的收入分配結果是不同的，這種結果將會直接影響人們的決策，如現收現付籌資方式下的提前退休等。

10.2.2 對同代社會成員之間的收入再分配

有學者研究表明，社會保險將會更有利於收入由低收入階層向高收入階層轉移。理由是低收入階層的壽命一般比高收入階層短，此外，高收入階層長壽對低收入階層具有負外部性，因為社會保險機構往往按照長壽的受益水平提取保險費，使保障的價格提高，因而對於低收入階層具有不利的影響。因此，低收入階層的實際受益要比高收入階層少，低收入階層的收入向高收入階層轉移。有的學者則持相反的觀點，他們認為，高收入階層所繳納的保險費（稅）要遠遠高於低收入階層，但由於社會保險只保證基本生活需要，因此對於高收入階層來講，其替代率要低得多。應該說，以上各種觀點都有其合理性，至於社會保險基金的轉移支付更有利於高收入階層還是低收入階層，在一定程度上取決於該國的社會保險政策。一般來說，社會保險制度應該向低收入階層傾斜，以體現社會公平。

另外，社會保險制度的收入再分配還表現在男人與女人之間、受教育程度高者與受教育程度低者之間。研究表明，收入再分配更有利於女人和受教育程度低者。

10.3　社會保險對勞動供求與流動的影響

10.3.1　社會保險對就業決策的影響

社會保險制度在一定程度上影響人們的就業決策。

首先，社會保險制度影響人們對於工作與閒暇的選擇。社會保險給付水平過高使閒暇成本過低，誘使人們選擇自願性失業或休閒。在經濟發達的福利國家中，人們享受較高的失業保險金，因而出現自願失業，影響了勞動力的供給總量。

其次，社會保險制度還影響人們對於退休時間的選擇。在保險基金採用現收現付的籌資機制下，勞動者在職期間繳納保險費的多少往往並不直接與未來的保險金待遇對等，使勞動者選擇提前退休，這無疑會加重社會保險的負擔，對勞動力的市場供給產生直接影響。在完全累積制或個人帳戶制養老保險財務的機制下，勞動者繳納的保險費從資金累積的直接意義上決定著其未來領取養老金的數額。因此，它對勞動力市場供給的影響程度較小。在實行完全累積制或個人帳戶制的條件下，由於強調了保險繳費與待遇享受之間的內在聯繫，將有助於減輕社會保險運行機制存在的不利於勞動力市場供給的經濟影響。

10.3.2　社會保險對勞動參與和勞動雇傭的影響

社會保險制度不僅影響勞動者是否參與勞動的決策，同時也影響著企業雇傭勞動者的決策。因為社會保險繳費（稅）的實行，無疑增加了企業的勞動成本。因此，如果社會保險繳費過高，勞動力成本增加過快，就會使產品成本上升，競爭力下降，甚至失去市場，最終影響企業對勞動者的需求。西方福利國家由於社會保險稅率較高，已嚴重地影響企業對勞動力的需求，造成了嚴重的失業問題。毫無疑問，勞動力成本的上升導致的產品競爭能力的下降是社會保險繳費中要考慮的一個重要問題。隨著國際市場的開放，國家和企業越來越關心社會保險繳費是如何影響其產品的國際競爭力的。

10.3.3　社會保險對勞動力流動的影響

社會保險制度對勞動力流動的影響程度仍然是一個有待研究的問題，但社會保險制度對勞動力跨地區、跨所有制、跨行業的流動確實有著重要的影響。在中國現階段尤其是勞動者從農村流向城市、從內地流向沿海，既有高工資的預期，也受高福利的利益驅動，其中保險福利的差異是影響流動的重要原因。但是，由於中國現行社會保險制度實行個人帳戶和社會統籌相結合，個人帳戶可以隨勞動力的流動發生轉移，但社會統籌基金的轉移卻十分困難，這是制約勞動力流動的一個重要因素，很多勞動者由於害怕失去既得利益，而放棄了流動，這將直接影響中國勞動力市場的建立。因此，目前當務之急是實行打破地區、所有制和行業的限制，實行不分所有制、不分行業、

不分屬地管理的統一的社會保險制度。

10.4　社會保險對經濟週期波動的影響

　　社會保險的再分配具有推動經濟發展的作用。美國經濟學家薩繆爾森對社會保險制度所發揮的內在穩定器的作用給予了充分的肯定，他說：「在繁榮的年份，失業準備金不但增長，而且還對過多的支出施加穩定性的壓力。相反地，在就業較差的年份，失業準備基金使人們獲得收入以便維持消費數量和減輕經濟活動的下降。其他的福利項目——如社會保險以外的公共服務的就業和家庭救濟金——也自動發生穩定性的反週期的作用。」[1] 這說明在經濟繁榮時期，就業率和個人收入增加，社會保險基金收入增加，需要社會保障提供援助的家庭和個人減少，整個社會的保障基金支出就會減少，國家財政相應地可以減少轉移支付，抑制過度需求，繼而推動經濟持續協調地發展；相反地，在經濟不景氣的時期，失業人數和低收入家庭增多，需要擴大社會保障的支出項目和數額，國家財政相應地增加轉移支出，以刺激社會需求，擺脫經濟困境，最終促進經濟發展。因此，社會保險制度在一定程度上具有熨平經濟週期波動的作用。

---

[1]　薩繆爾森. 經濟學（上冊）[M]. 高鴻業, 譯. 北京：商務印書館, 1979.

國家圖書館出版品預行編目(CIP)資料

社會保險 / 陳岩、楊鑫 主編. -- 第一版.
-- 臺北市：崧博出版：財經錢線文化發行, 2018.10

　面　；　公分

ISBN 978-957-735-540-9(平裝)

1.社會保險

548.9　　　　107016455

書　　名：社會保險
作　　者：陳岩、楊鑫 主編
發行人：黃振庭
出版者：崧博出版事業有限公司
發行者：財經錢線文化事業有限公司
E-mail：sonbookservice@gmail.com
粉絲頁　　　　　　網　址：
地　　址：台北市中正區延平南路六十一號五樓一室
8F.-815, No.61, Sec. 1, Chongqing S. Rd., Zhongzheng Dist., Taipei City 100, Taiwan (R.O.C.)
電　　話：(02)2370-3310　傳　真：(02) 2370-3210
總經銷：紅螞蟻圖書有限公司
地　　址：台北市內湖區舊宗路二段 121 巷 19 號
電　　話：02-2795-3656　　傳真：02-2795-4100　網址：
印　　刷：京峯彩色印刷有限公司（京峰數位）

　　本書版權為西南財經大學出版社所有授權崧博出版事業有限公司獨家發行電子書及繁體書繁體版。若有其他相關權利及授權需求請與本公司聯繫。

定價：250 元

發行日期：2018 年 10 月第一版

◎ 本書以POD印製發行